2016年
中国高速公路运行
大数据分析报告

交通运输部科学研究院
综合交通运输大数据应用中心

中国经济出版社
CHINA ECONOMIC PUBLISHING HOUSE
·北 京·

图书在版编目（CIP）数据

2016年中国高速公路运行大数据分析报告/交通运输部科学研究院，综合交通运输大数据应用中心著.
北京：中国经济出版社，2017.12
ISBN 978-7-5136-4888-2

Ⅰ.①2… Ⅱ.①交… ②综… Ⅲ.①高速公路—交通运输管理—数据处理—研究报告—中国—2016 Ⅳ.①U491

中国版本图书馆 CIP 数据核字（2017）第 241680 号

责任编辑　路　巍
责任印制　巢新强
封面设计　任燕飞装帧设计工作室

出版发行　中国经济出版社
印 刷 者　北京富泰印刷有限责任公司
经 销 者　各地新华书店
开　　本　889mm×1194mm　1/16
印　　张　6.75
字　　数　154千字
版　　次　2017年12月第1版
印　　次　2017年12月第1次
定　　价　78.00元
广告经营许可证　京西工商广字第8179号

中国经济出版社　**网址** www.economyph.com　**社址** 北京市西城区百万庄北街3号　**邮编** 100037
本版图书如存在印装质量问题，请与本社发行中心联系调换（联系电话：010-68330607）

编写人员

主　　编：胡希元　武　丽　路敖青　王　伟　王　屾

副 主 编：刘　方　陈建华　段　新　王　哲　叶劲松

编写顾问：毛　健　郑文英　余高潮　石宝林　崔学忠

参编人员：姚金莹　桑美英　陈智娟　黄莉莉　范文涛
曹剑东　刘明霞　张　平　周　健　于丹阳
黄海涛　陈佳兴　王松涛　周　雷　李洪囤
秦芬芬　梁鸿旭　林成功　刘　浩　隋丽娜
傅昭南　刘燕灵　刘振华　陈嘉玉　付一方
夏　晶　武瑞利　王　涛　王望雄　刘柳杨
张若旗　崔应寿　程　长　宋晓丽　张皖杉
余丽波　张子晗　徐瑞光　王华荣　张　涛
肖　刚　杜雅萍　夏　丹　仵思燃　岳　雷
王　芳

序言

高速公路运输是综合运输体系的重要组成部分，是陆地运输网络布局得以优化、在限定时间内到达或形成区域交通圈的关键。由此产生的及时运输服务和物流管理不仅改变了制造业和流通领域的经营方式，提高了经济效率，而且对产业结构及分布、城市结构和规模、中小城镇的发展，乃至提高居民生活水平、缩小城乡差别方面起着非常重要的作用。以高速公路收费站为节点的车流量信息、车辆计重收费信息及全国联网 ETC 通行信息汇聚而成的海量数据信息，不仅准确地反映着高速公路的运行状态、波动变化，而且在供给侧结构性改革的新形势下，在“三去一降一补”的新常态下，成为反映区域经济发展状况、经济往来、城镇化发展乃至重大战略实施效果的重要风向标。

本分析报告利用全国（北京、内蒙古、海南、西藏、新疆除外）26 个省份的高速公路运行监测数据，刻画了高速公路运行车辆的“画像”，以“高速公路 + 物流、城镇化、战略跟踪、热点”的方式，分析了外在环境影响下的高速公路运行空间特征和典型特点。报告总体分为五个部分：一是以宏观经济视角分析高速公路固有运行规律和客货运输新特征，分析新经济特点带动下的高速公路运行新动态。二是以区域经济协同视角分析高速公路物流通道的运行特征，反映高速公路运行与经济基础、产业结构及区位发展等关联和协作关系，国家新战略实施、区域经济一体化等外部环境的重大变化在高速公路物流通道运行上的表征。三是以城镇化、城市群视角分析高速公路对不同区域城镇群的引导支撑作用，以连绵走廊运输、通道运输、点轴运输等不同运行状态宏观反映不同区域城镇群的发育状态和外向交流特点。四是以战略跟踪视角分析长江经济带相关省市的高速公路运输特点和经济社会发展的互动关系，分析综合运输体系下的高速公路运行新走势，分析长江经济带高速公路客货车流的时空分布和春节期间迁徙出行的梯度变化。五是集成 ETC 全国联网、治超新政实施及自驾游蓬勃发展等热点情况分析新技术、新政策、新环境下的高速公路运行在效率提升、趋势变化、旅游服务方面的新态势。

目录

第一章　高速公路运行总体分析

经过 30 多年的建设，我国高速公路实现了跨越式发展，公路基础设施的制约瓶颈得到有效缓解，高速公路已成为人民群众便捷高效出行、货物灵活快捷运输的重要载体，在支撑经济社会发展中发挥着越发重要的作用。

图 1–1　全国高速公路路网现状

“十二五”以来高速公路里程每年以1万公里的规模快速增长，全国高速公路网正加速形成。2000年后，各地高速公路建设步伐加快，尤其是2009年四万亿元投资拉动后，高速公路通车里程以年均1万公里的规模快速增长。截至2016年年底，全国高速公路建成通车里程已超过13万公里。高速公路建设向纵深推进，深入县域经济地区，逐步连接人口超过20万的城镇，广覆盖、高密度、强可达性的高速公路网络正在加速形成。

专栏

我国高速公路建设取得举世瞩目的成就

自1988年我国第一条高速公路建成通车后，各地开始积极研究尝试高速公路建设，2000年后，我国高速公路实现了一轮从东部地区到西部地区建设高潮的蔓延转移。目前，31个省（区、市）均有高速公路贯通，我国高速公路网密度达到135公里/万平方公里，高于美国30%左右。

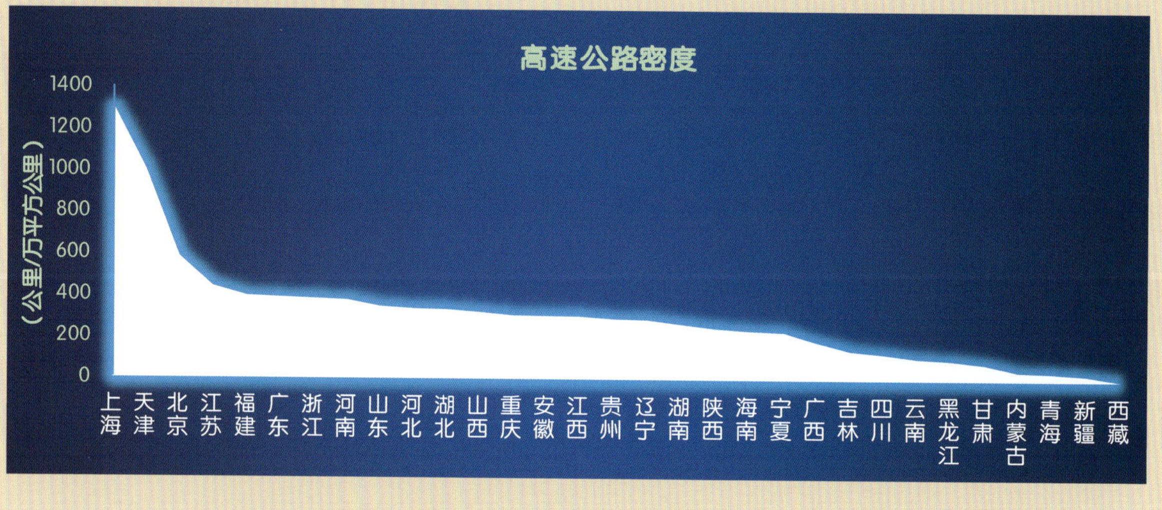

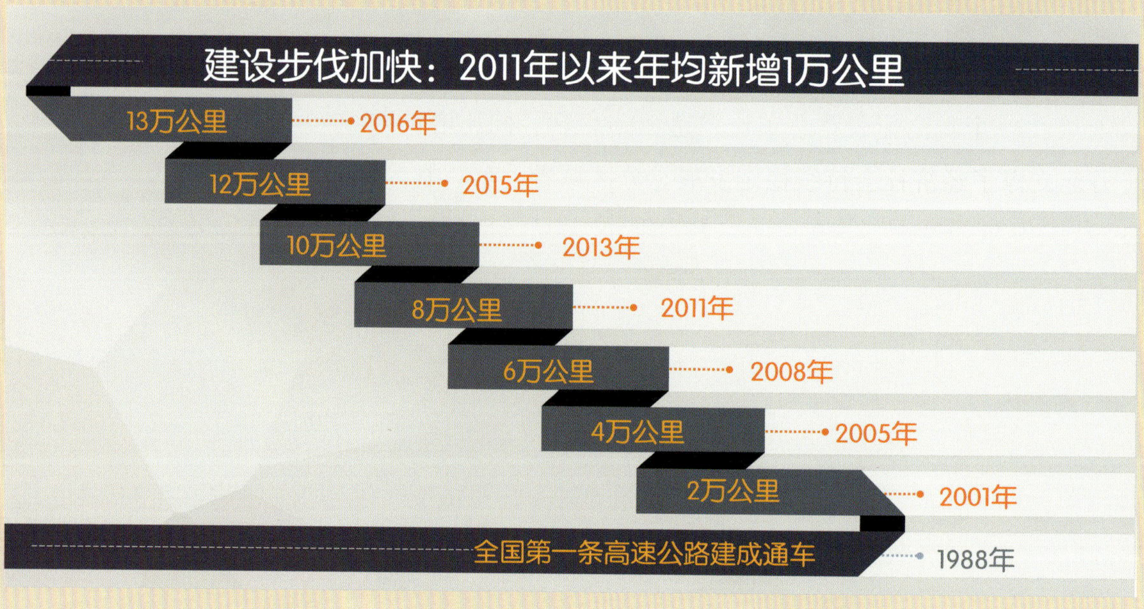

本章内容主要围绕三个方面开展高速公路运行情况分析：一是从高速公路与经济之间的关系、客货车流构成、季节性特征、天气影响等方面分析了联网收费高速公路运行的总体特征；二是从旅客运输区域分布、客车车型结构、客车流时段分布、政策效果等角度分析了高速公路旅客运输运行特点；三是从高速公路货物运输与经济关系、货物运输区域分布、货车车型结构、货车流时段分布等方面分析了高速公路货物运输运行特点。

一、高速公路运行综合情况

1. 高速公路货物运输与经济运行走势息息相关，已成为衡量经济运行的“晴雨表”

近年来，经济下行压力持续加大，中央高度关注新常态下的经济运行走势，需要实时掌握经济运行情况，对高频度数据提出了迫切需求。高速公路运行数据直接反映社会经济活跃程度，可以反映产业结构调整变化后高附加值、轻量化货物的运输情况，与经济运行息息相关，尤其是高速公路货物运输量与克强指数走势基本一致，已逐渐成为衡量经济运行的“晴雨表”、市场变化的“指示灯”。

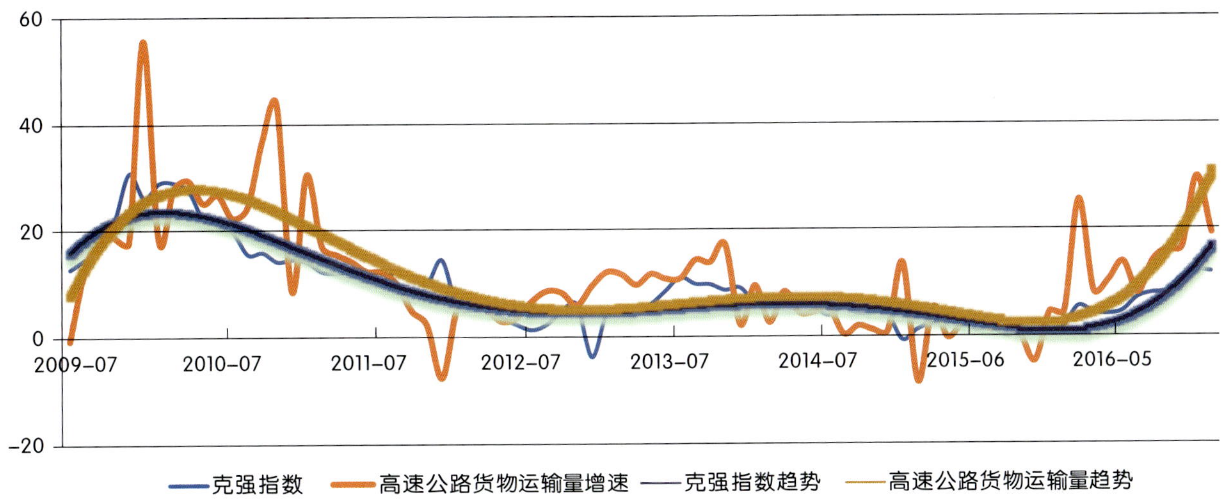

图 1-2　克强指数与高速公路货物运输量走势

2. 高速公路有力支撑经济持续稳定发展，车流分布与区域经济分布大体相当

2016 年，26 个省高速公路总车流量达 80.6 亿辆，同比增长 16.2%。增速较上年加快 5.4 个百分点，有力地支撑了经济社会持续稳定发展。分区域看，东、中、西部地区高速公路总车流量分别为 44.5 亿辆、16.3 亿辆和 19.8 亿辆，分别增长 13.2%、17.4% 和 20.6%，占全国总流量的 55.2%、20.3% 和 24.5%，与区域经济分布大体相当。从省份来看，广东、江苏、四川、浙江、河北、山东、河南等经济和人口大省高速公路车流量较大。

2016年年均总车流量示意图

图 1-3　全国高速公路网[①]车流分布

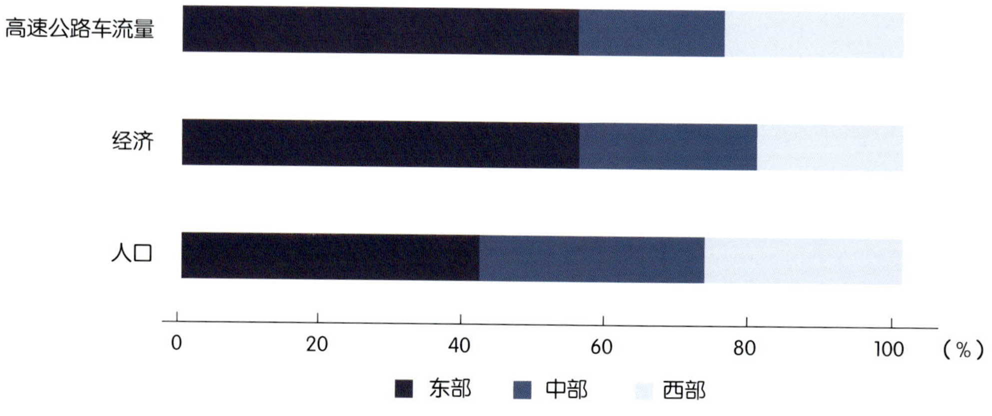

图 1-4　区域主要指标占比

① 全国高速公路网指全国（除北京、内蒙古、海南、西藏、新疆外）26 个省份监测的高速公路网，下同。

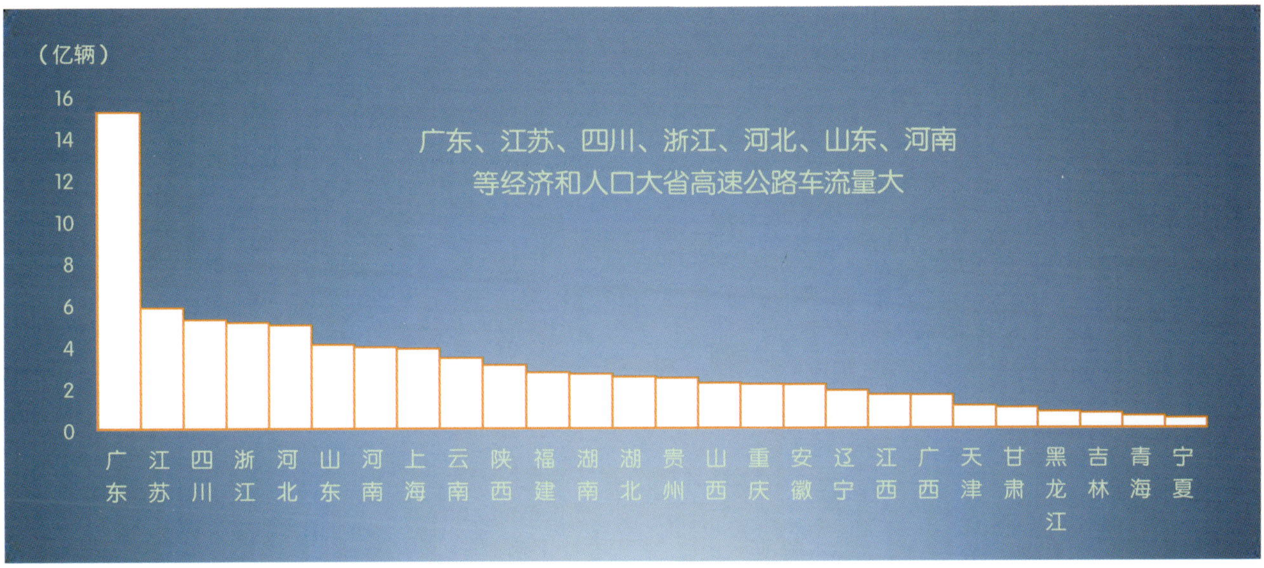

图 1-5　各省高速公路车流总量

3. 高速公路客货运输齐头并进，车流构成受省域经济特征影响明显

2016 年，高速公路客、货车流量分别为 62.0 亿辆次和 18.6 亿辆次，同比分别增长 16.5% 和 15.1%，分别占 76.9% 和 23.1%。受省份经济特点带动，云南、贵州、四川、广东等旅游和人口大省高速公路客车流量占比高，分别为 83.5%、82.8%、82.5% 和 80.8%；山西、宁夏等资源型省份和天津、河北等海港省份货车流量占比高，分别为 37.9%、34.5%、34.5% 和 33.1%，均高于全国平均水平 10 个百分点以上。

图 1-6　各省高速公路客货车流占比

4. 高速公路车流季节性影响南北差异大，“节假日效应”显著

高速公路车流季节性影响南北差异大。受高寒、高海拔地区冬季严寒气候的影响，部分行业停产

停工，且雨雪天气导致冬季高速公路封闭增多，夏季生产运输、旅游出行等集中释放，导致北方地区高速公路车流“夏高冬低”，季节波动明显。7—8 月，辽宁、吉林、黑龙江、甘肃、青海、宁夏等东北和西北省份高速公路车流量占全年的比重分别为 18.9%、20.0%、21.9%、21.1%、24.3% 和 19.4%，均高于全国 17.5% 的平均水平。长江流域以南区域全年各月高速公路车流量波动较均匀，季节波动影响不明显。

“节假日效应”显著。受北方夏季高速公路运输较为集中的拉动，全国 4—10 月高速公路车流量较其他月份略偏高，10 月高速公路车流量最高，国庆 7 天假期高速公路日均车流是平时的 1.8 倍，达到全年日均高峰。

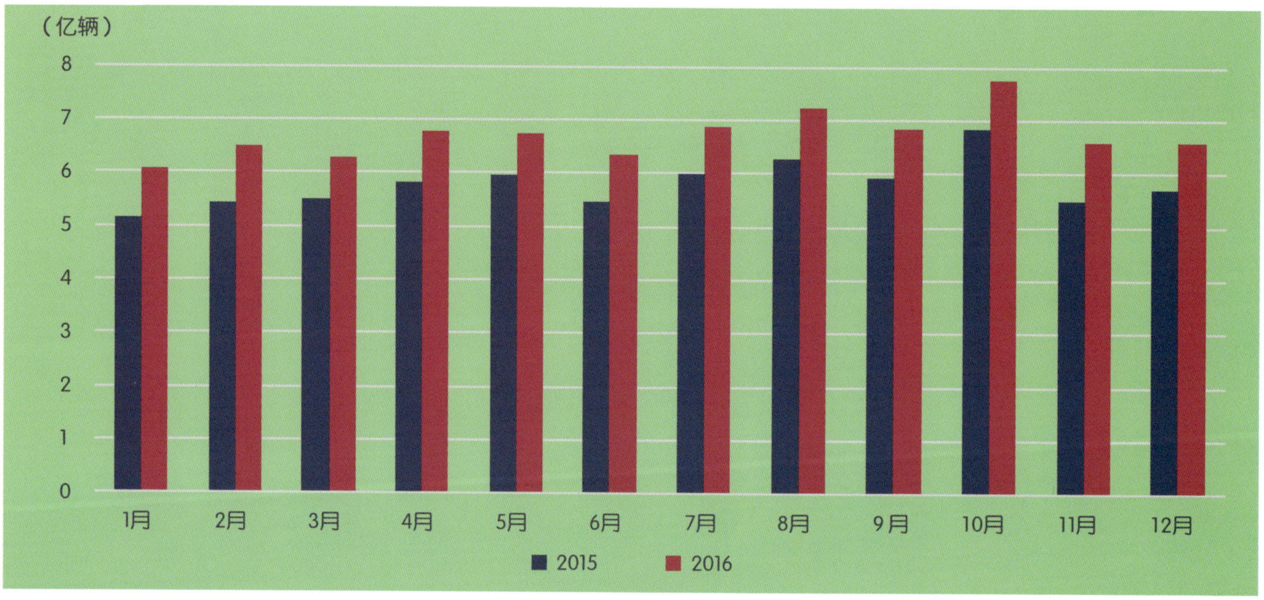

图 1–7　各月高速公路车流量

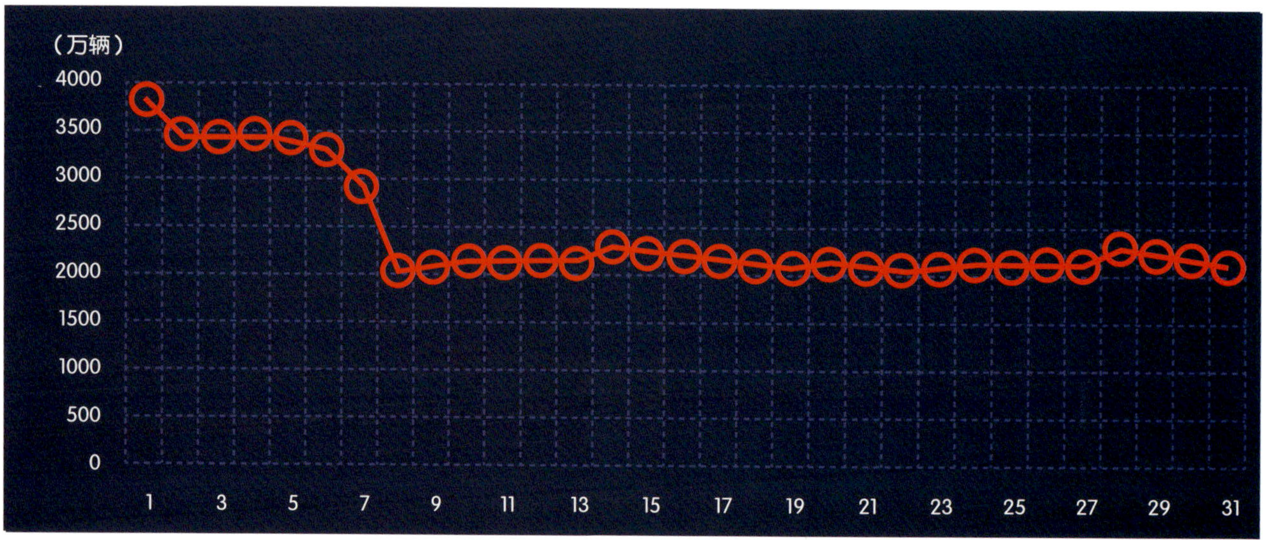

图 1–8　10 月各天高速公路车流量

5. 高速公路持续服务民生，全年免费车流量占比达 8.2%

各省（区、市）继续严格落实“绿色通道”和“重大节假日免收 7 座及以下小客车通行费”的惠民政策，并对抢险救灾车辆、军车警车等车辆也进行了通行费减免。全年高速公路免费车流量达 6.6 亿辆，占车流总量的 8.2%，其中，绿色通道车辆为 1.2 亿辆，节假日免收通行费的 7 座及以下小客车为 5.4 亿辆。

6. 新业态新方式不断涌现，进一步方便大众出行

随着移动金融的快速发展，高速公路通行费支付非现金形式逐步推广应用，ETC、各省通行金融卡、手机支付宝和微信等通行费支付方式，进一步方便了人民出行。2016 年，全国非现金支付 20.4 亿笔次，其中，ETC 支付 18.2 亿笔次，占非现金支付的 89.3%。广东、湖南等地积极尝试在部分收费站利用手机支付宝、微信等形式完成支付交易，最大程度满足各类需求。

7. 恶劣天气对高速公路车流影响明显

在雾霾、冰雪等极端天气导致路面湿滑及能见度低的情况下，为了保障安全，高速公路管理部门通常会根据路网实际运行情况，对相关高速公路路段采取车辆限行或封闭等管制措施，对高速公路车流量产生了一定影响。

专栏　华北雾霾对当地高速公路运行的影响

进入冬季，我国部分区域重污染天气增多，能见度下降，为保证安全，采取高速公路限行封闭等措施，对高速公路运行影响明显。以京津冀地区 2016 年 12 月 17—21 日雾霾影响为例，北京、天津、河北各自启动了空气重污染红色预警措施：机动车单双号行驶；停止土石方等施工作业；有关工业企业停限产；企事业单位可根据情况调休或远程办公；北京、天津、河北（除张家口、承德外）境内的大部分高速公路均实施了部分时段封闭等。众多举措并发，17—21 日，京津冀受重霾影响地区高速公路车流量较前后日期下降了 54%。

二、高速公路客运运行分析

1. 经济和收入水平不断提高拉动了高速公路客运量持续走高，人均高速公路行程超过 1000 公里

在收入水平和城镇化率提高、旅游意识增强等综合因素的拉动下，高速公路客运量持续走高。2016 年，完成高速公路旅客运输量 181 亿人，高速公路旅客周转量 13745 亿人公里，同比分别增长 12.9% 和 11.8%，高于铁路（11.0%）、民航（11.8%）旅客运输量增速。全年全国人均高速公路出行 14 次，人均高速公路行驶里程近 1100 公里。

专栏　经济社会的持续稳定发展带动了出行需求

收入方面：我国居民收入连年稳定增加，2016年我国人均可支配收入为23821元，私人轿车达10152万辆，分别是“十二五”初的1.6倍和3倍。

城镇化方面：城镇化快速推进拉动了人民群众出行，2016年常住人口城镇化率达57.4%，较“十二五”初提高了7.7个百分点。

旅游方面：旅游、探亲等需求不断释放，2016年国内游客44亿人次，入境游客1.4亿人次，游客数量是“十二五”初期的2倍。

数据来源：2016年国民经济和社会发展统计公报。

2. 东部地区居民高速公路出行频繁，中部地区居民出行最少

受经济、人口、高速公路延伸程度的影响，区域间人员出行差异明显。东部、中部、西部地区高速公路客运密度分别为1684万人公里/公里、881万人公里/公里和919万人公里/公里，同比分别增长3.7%、7.4%和10.8%。上海、江苏、浙江、广东等经济发达省份高速公路客运密度最高，河南、陕西、贵州等中西部省份客运密度增长最快。从出行频度看，2016年东部、中部、西部地区人均高速公路出行分别为18.2次、8.4次和14.9次。

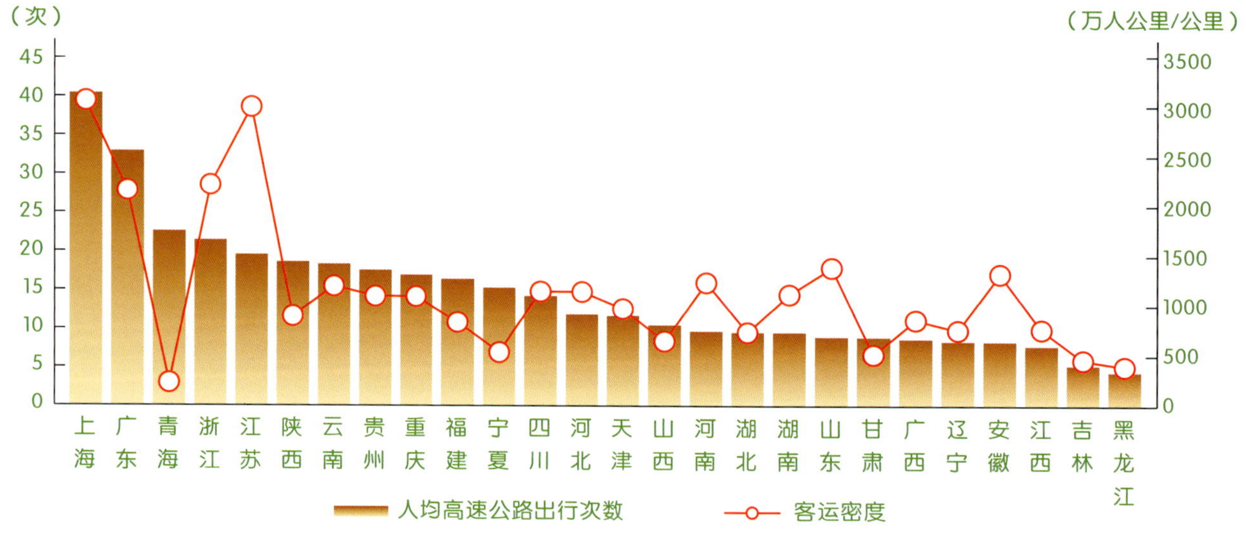

图1-9　各省高速公路客运密度

3. 高速公路小、大中客车通行“一增一降”，态势分化

一方面，随着收入水平的提高以及汽车价格的不断降低，我国私人汽车拥有量以年均22%的速

度[①]大幅增长，带动了高速公路汽车出行快速增长，2016年，高速公路7座及以下小客车流量达58.9亿辆，增长17.6%；另一方面，近年来高速铁路线路不断开通加密，高铁沿线的公路班线客运被分流后规模缩减，高速公路大型客运车辆通行下降，2016年，8座及以上大中型客车流量3.1亿辆，下降0.6%。高速公路客车车型运行差异态势推升了7座及以下小客车流量占比进一步提高1个百分点，达94.5%。

图1-10　高速公路客车车型占比

专栏　私家车自驾成为春运期间大众探亲和旅游增长最快的方式

2016年春运期间（1月24—3月3日）高速公路小汽车流量同比增长18.3%，高于铁路和民航旅客发送量同期增速（春运期间铁路和民航旅客发送量同比分别增长10.2%和8.0%）。春运期间高速公路客车流量呈现两个波峰：春节前探亲购物旅客流、春节假期旅游探亲返程旅客流，日均旅客流量是春运前后的1.4倍。

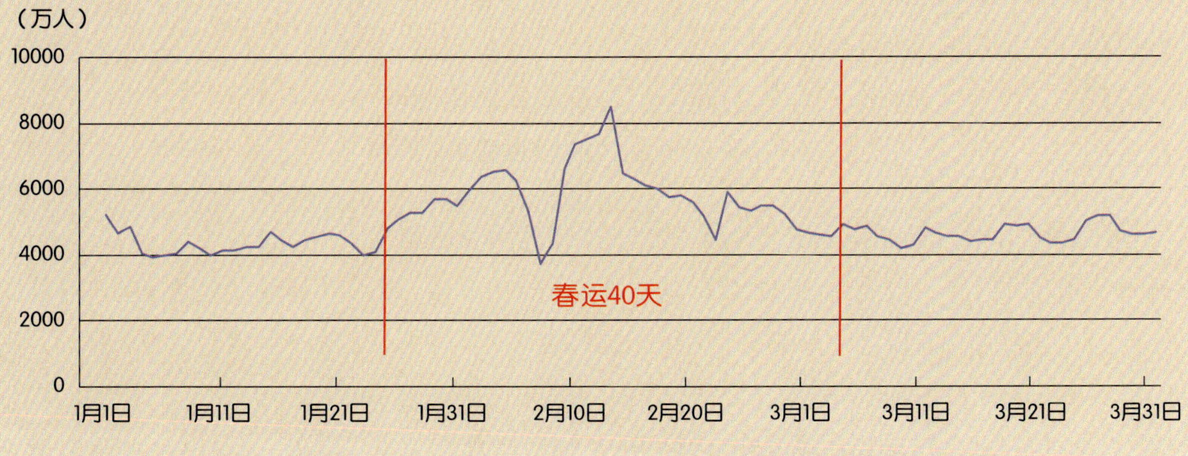

4. 高速公路人员流动以省内交互为主，跨省中长距离小汽车出行悄然增多

高速公路人员流动以省内交互为主，跨省中长距离出行悄然增多。从车辆流向看，高速公路出行分为三类：一是省内出行，占高速公路旅客出行的86.1%，平均运距53公里，占据绝对主体地位；二

① 数据来自《中国汽车行业市场前瞻与投资分析报告》。

是相邻省份出行，占高速公路旅客出行的 12.6%，平均运距为 224 公里；三是穿越省份的长途出行，占高速公路人员出行的 1.3%，平均运距为 458 公里以上。与上年相比，省内出行、相邻省份出行、穿越省份出行的占比分别降低了 0.4 个、提高了 0.2 个和 0.2 个百分点。

各省高速公路行驶车辆以本地车为主。从车籍地分布看，高速公路本地客车平均占比为 84%。广东、云南、四川、福建、陕西等省份本地客车占比达到 90% 左右，说明这些省份人员交流以省内为主；天津、上海等人口流动较高省（市）本地车占比较低，分别占 49.8% 和 56.9%，说明这些省（市）与周边区域经济一体化特征明显。

5. 昼夜客车流差异明显，日间出行高峰集中在 8—11 点和 14—17 点

高速公路昼夜客车流量差异较大。白天（7：00—19：00）客车流量占 77.2%，早高峰集中在 8—11 点，晚高峰集中在 14—17 点。夜间（19：00—次日 7：00）客车流占比为 22.8%，全天高峰小时与波谷时段客车流量相差达 12 倍。从各时段高速公路收费站出、入口流量看，出口客车流量分布较入口延迟 1 个小时左右。

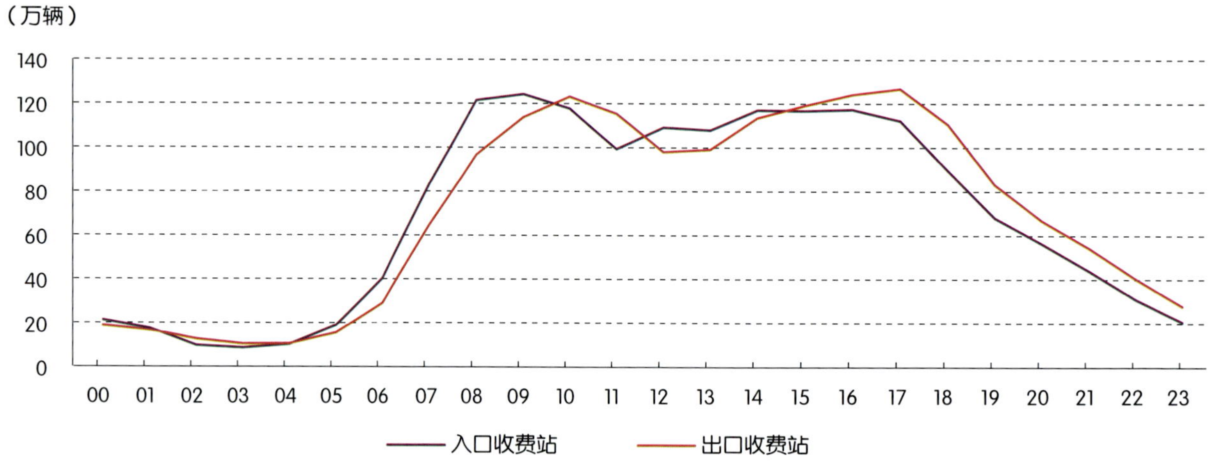

图 1-10 高速公路日均分时段客车流量

6. 高速公路承担通勤功能，有力地参与了城镇化引导和建设

受中心城区高房价、交通拥堵等现实问题的影响，城内工作、城外生活的“双城互动”已经成为常态，高速公路的延伸建设进一步带动了大城市近郊的发展，有力地参与了城镇化引导和建设，高速公路也已逐渐承担起日常通勤职能。据统计，上海、广州市高速公路短距离出行为主，其中在 30 公里行程以内的客车流量占比最高，分别为 71.7% 和 67.5%，反映出上海、广州、深圳等一线城市对近郊城镇化的带动作用更为突出。

7. 重大节假日免收 7 座及以下小客车通行费政策效果显著

根据《国务院关于批转交通运输部等部门重大节假日免收小型客车通行费实施方案的通知》规定，每年的春节、清明节、劳动节、国庆节及其连休日期间，在收费公路上行驶的 7 座及以下小型客车将免费通行，该项政策自 2012 年国庆节以来开始实施。在高速公路免费和假期的双重“吸引”下，免费期间高速公路客车流量激增，是平时的 1.8 倍；元旦、端午、中秋节假日非免费期间高速公路客车流

量是平时的 1.1 倍。

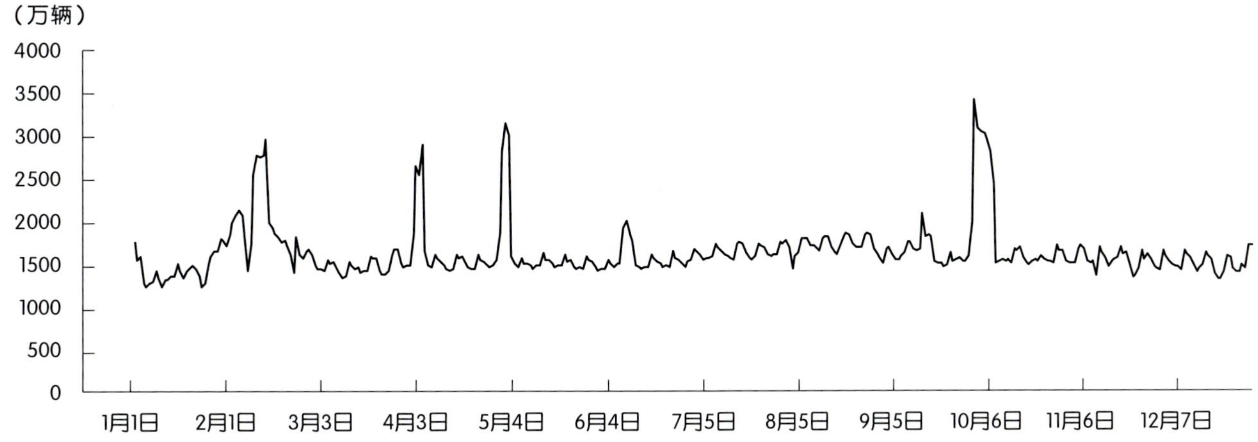

图 1–11　各天高速公路客车车流

三、高速公路货运运行分析

1. 高速公路货物运输量与主要经济指标关系密切，为新常态下科学宏观决策提供鲜明的“风向标”和“测量仪”

高速公路货物发送量与工业增加值、固定资产投资等主要经济指标相关性均达到 0.85 以上。2016 年，GDP 同比增长 6.7%，工业增加值同比增长 6.0%，固定资产投资同比增长 7.9%，受经济平稳增长的拉动，2016 年完成高速公路货物运输量 130 亿吨[①]，完成高速公路货物周转量 23373 亿吨公里，同比分别增长 15.3% 和 10.8%，增速远高于同期的铁路（货运量和周转量增速为 –0.8% 和 0.2%）与水运（增速为 3.7% 和 4.0%），2016 年高速公路货物运输量占全国公路货物运输量比重为 38.6%，货物周转量比重为 38.1%。高速公路货物运输量变动直接反映经济运行情况，为新常态下科学宏观决策提供鲜明的“风向标”和“测量仪”。

2. 区域经济不均衡性带动高速公路货运密度呈阶梯式分布，沿海港口省份货运密度最高

区域经济不均衡性带动了货运密度呈现东、中、西部地区逐渐递减的阶梯式分布。2016 年，全国高速公路货运密度为 1988 万吨公里 / 公里，同比增长 10.8%。分区域看，东、中、西部地区高速公路货运密度分别为 2847 万吨公里 / 公里、1744 万吨公里 / 公里、1367 万吨公里 / 公里，同比分别增长 8.9%、11.3% 和 13.8%，东部地区货运密度明显高于中、西部地区。分省份看，浙江、山东、河北、江苏等港口省份货运密度最高，是全国平均水平的 2 倍以上；陕西、贵州等承接产业转移等省份货运密度增长最快，增速分别为 29.8% 和 22.1%。

---

① 全国（除北京、内蒙古、海南、西藏、新疆、上海外）25 个省份的高速公路货物运输量数据，其中上海市有 2016 年高速公路监测数据，但因实施非计重收费，无法计算货运量、货运密度等指标，下同。

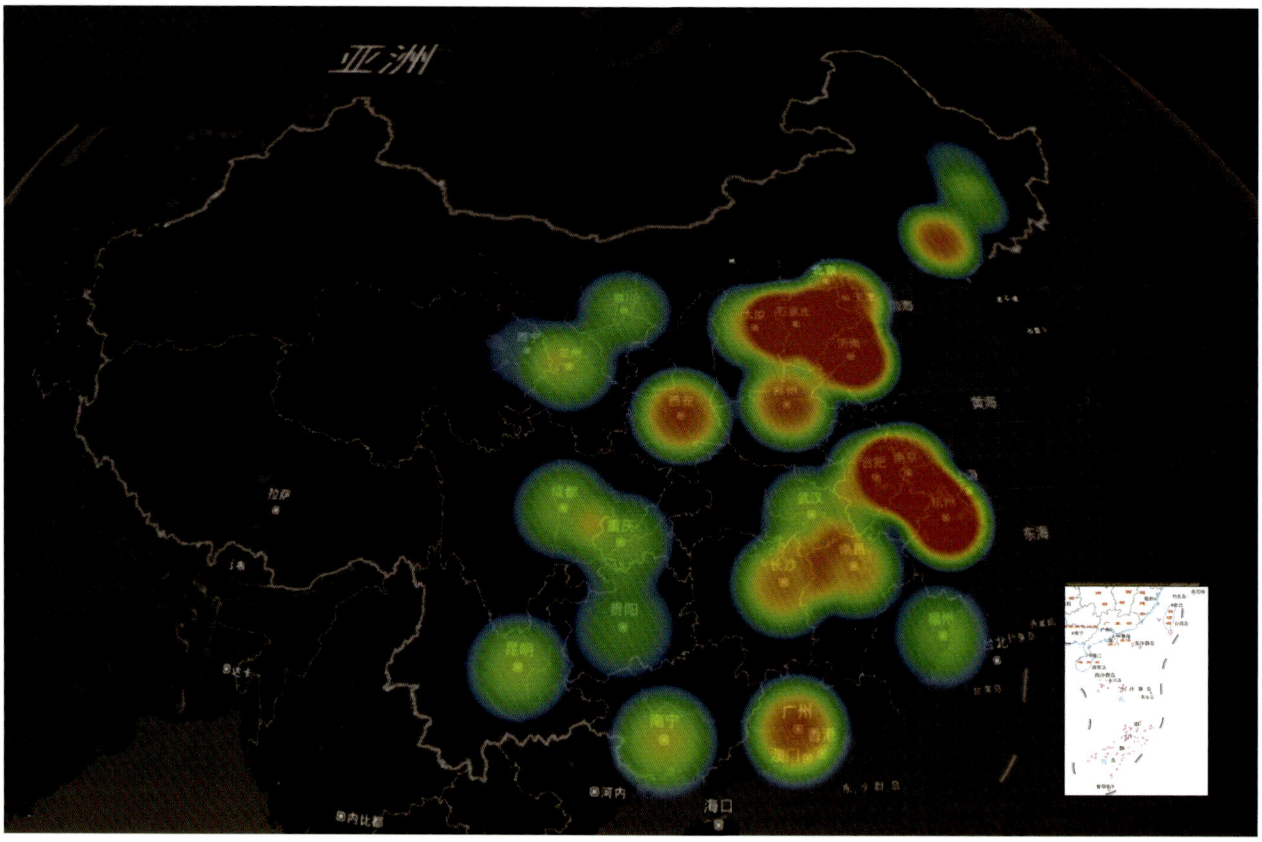

图 1–12　高速公路货运密度分布

3. 东部、中部地区经济轻型化特征明显，产业结构转型效果初显

受产业结构影响，东部、中部地区经济呈现轻型化特征，产业结构转型效果初显。2016 年，26 个省创造每万元 GDP 需要完成的高速公路货运量为 2.0 吨，每万元 GDP 完成的高速公路货物周转量 364 吨公里。从区域分布看，东部、中部、西部每万元 GDP 分别完成 1.9 吨、1.9 吨和 2.5 吨高速公路货运量，说明东部和中部地区经济呈现轻型化，地区产业结构转型效果明显。

省域经济特征与高速公路货物运输关联密切。山西、青海、宁夏、河北等能源和工业主导省份万元 GDP 完成高速公路货运量较高，分别为 6.8 吨、5.6 吨、4.6 吨和 4.5 吨；吉林、黑龙江、天津、江苏、福建等省份每万元 GDP 完成高速公路货运量较低，分别为 0.9 吨、1.0 吨、1.2 吨、1.2 吨和 1.2 吨。

4. 高速公路货车车流结构呈现“哑铃型”特点，大型货车偏重于跨省长距离运输

高速公路货车流结构“哑铃型”分布特征明显，2 轴货车在城市配送中发挥了重要作用。从货车轴数看，2 轴、3 轴、4 轴、5 轴、6 轴货车车流占比分别为 49%、7%、10%、2% 和 32%，2 轴和 6 轴货车占比高达 81%，是高速公路货物运输的主体。2 轴货车高速公路行驶平均里程为 64 公里，反映出其在城市配送、运输等物流中发挥了重要作用。

高速公路货车载重与里程总体成正比，大型货车更倾向于跨省长距离运输。从车辆流向看，高速公路省内、临省、跨省货物运输的平均载货量分别为 7.2 吨、14.9 吨和 20.7 吨，平均运距分别为 60 公里、260 公里和 587 公里以上，反映出公路运输的经济性因素决定了长距离跨省运输以大型重载货车为主。

表 1–1　分流向的货物运输主要指标对比

	车流占比（%）	平均载货（吨）	平均运距（公里）
省内运输	71.9	7.2	60
临省运输	24.0	14.9	260
跨省运输	4.2	20.7	587 以上

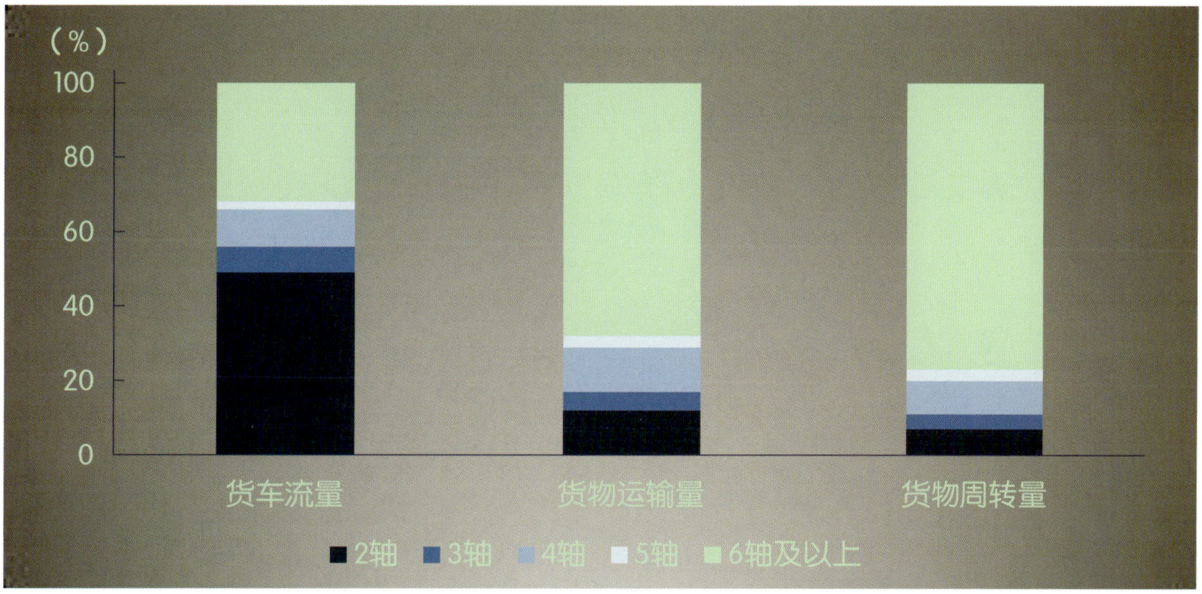

图 1–13　高速公路分轴数货车货物运输主要指标占比

货车在高速公路上的行驶范围比客车更为广泛。从车籍地分布看，各省高速公路本地货车平均占比为 65%，低于客车 19 个百分点，天津、山西、吉林等省（市）本地货车占比不到 50%。客观反映货车以营业性运输需求为主，机动性更强，运输范围更广，跨省流动性更大。

5. 节假日高速公路货车交通量波动情况与客车相反

节假日对高速公路货车流量波动影响与客车呈相反态势。法定假日对货车流影响明显：长假期间，高速公路货车流明显减少，尤其是春节期间高速公路日均货车流仅为平时的 0.1，其他法定节假日期间日均货车流为平时的 0.8；双休日期间，高速公路货车流是工作日的九成。主要原因：一是工厂、工地停工放假，货运需求前后延伸；二是避开假日和公休日期间高速公路上较为集中的客车流；三是大众休假意识增强，货主、司机也越来越注重假日休息。

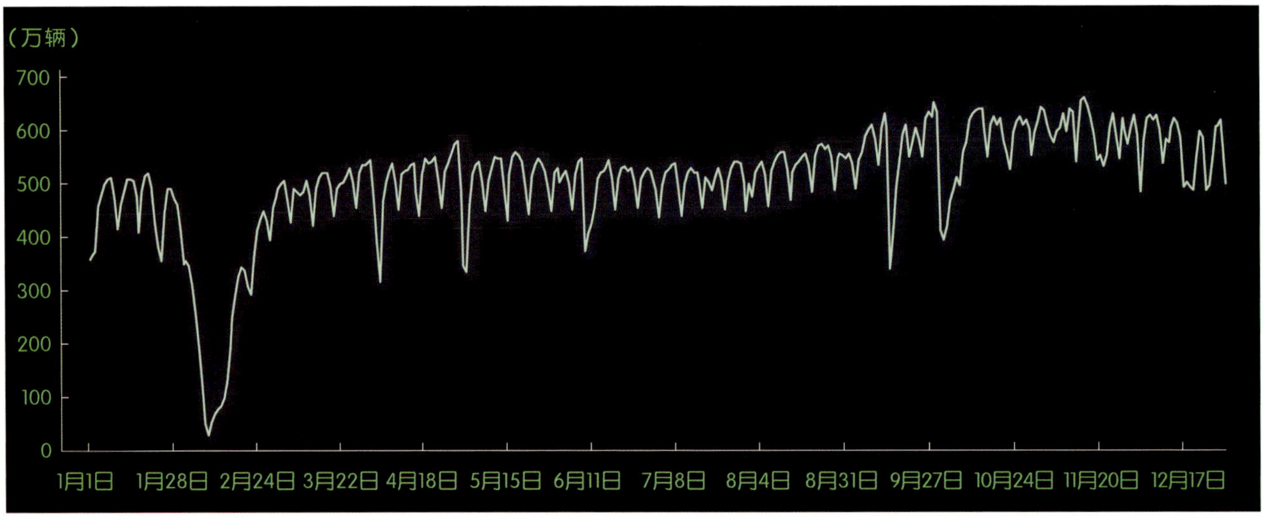

图 1-14　各天高速公路货车流量

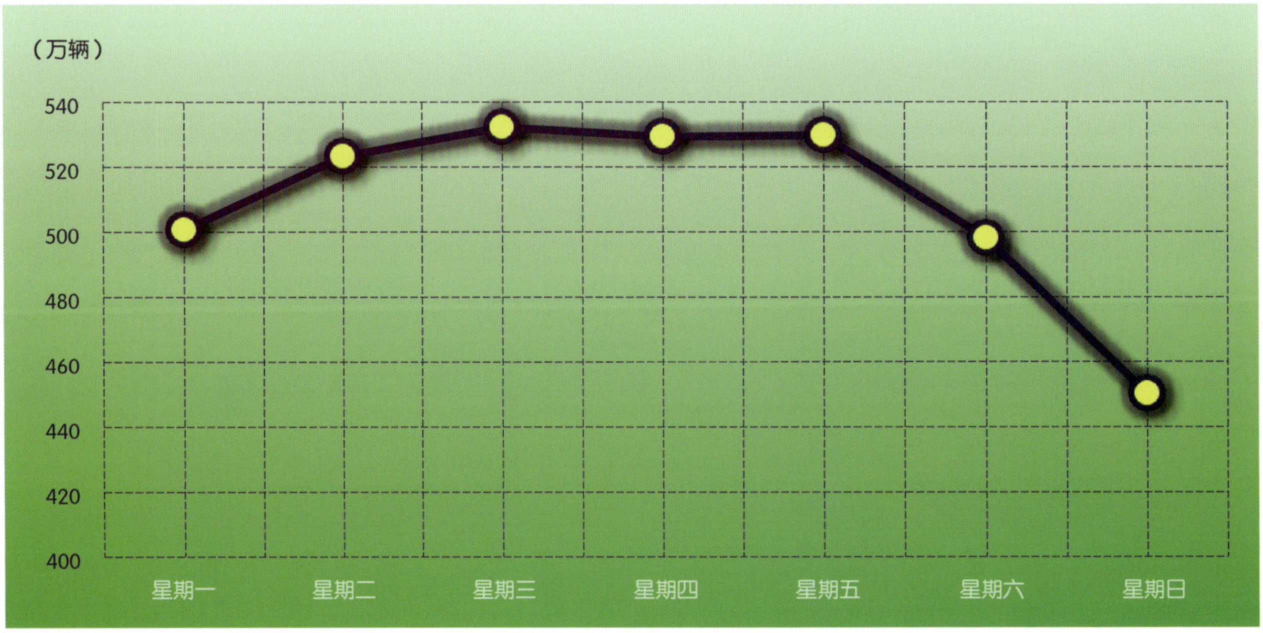

图 1-15　每周各天高速公路货车流量

6. 白天各时段货车流平稳均衡，日间货车交通量接近夜间的 2 倍

全天各时段货车流量总体平稳均衡，无明显货车交通量高峰时段。日间（7：00—19：00）货车流占比为 64.7%，夜间（19：00—次日 7：00）占比为 35.3%，其中 2—5 点货车流量最低，各时段高速公路收费站出、入口货车流量分布总体相当。夜间货车流没有明显下降的原因：一是为错开日间高速公路车流高峰，并保障次日生活生产需求，部分司机选择夜间运输；二是部分货车跨省长途运输配备两个司机，轮换休息行驶；三是部分省份高速公路通行费夜间优惠政策，在一定程度上吸引了夜间货车流。

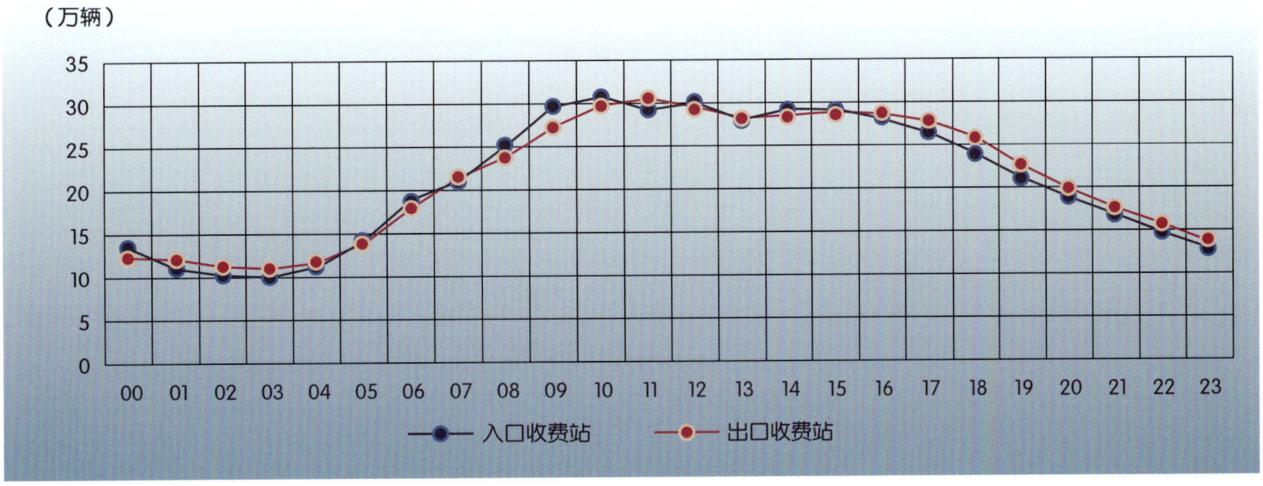

图 1-16 高速公路日均分时段货车流量

7. 货车通行费优惠政策有效地促进物流业降本增效、推动发挥高速公路物流主通道作用

为深入推进交通供给侧结构性改革、促进物流业降本增效，部分省份制定了辖区内高速公路货车通行费优惠政策，有效地吸引了高速公路货车流，获得了较好效果。以山西为例，2016 年 5 月 20 日，山西启动实施了新一轮为期 1 年的“新三减”货车通行费优惠政策，即在继续对所有货车普惠 12% 的基础上，对山西省 ETC 卡交费货车、贫困地区高速公路和部分环城高速公路的优惠幅度更高，对持有《超限运输许可证》的货车，道路补偿费最高征收系数由 16 倍降至 4 倍，据测算，收费标准平均降低 30%。高速公路通行费优惠政策的实施有效吸引了货车流，2016 年山西高速公路货车流同比增长 40.4%，远高于全国 15.1% 的平均水平，同时，与之并行的部分普通公路货车通行量平均月降幅 3.6%。高速公路优惠政策有力地撬动了本省社会物流业降本增效、健康发展，起到了很好的杠杆作用。

第二章　区域经济视角下高速公路物流通道运行

作为现代物流发展的重要基础设施，物流通道在区域联动、协调发展，构建陆海双向对外开放走廊等方面都有着重要的推动作用。根据《推进物流大通道建设行动计划（2016—2020 年）》，国家重点推进 11 条物流大通道（6 条纵向通道、5 条横向通道）建设，涵盖 24 条高速公路。

作为物流大通道的重要组成部分，高速公路通车里程居世界第 1，已覆盖约 98% 的城镇人口 20 万以上城市，对促进资源要素跨区域便捷流动，引领区域经济发展发挥了重要作用。本章基于 2016 年高速公路运行大数据，在对各省收费站点货运量、车流量进行 OD 分配和对接的基础上，着重分析了 11 条物流大通道所对应的 11 条高速公路物流通道（含 24 条高速公路）的货运承载量及车流量情况，以及国家战略推动下与宏观经济关联和协调关系。本章共分三部分：第一部分重点分析了高速公路物流通道的总体运行特征，包括通道货运承载量、车流量等指标与整个路网对比，通道货运承载量空间分布及纵向和横向通道对比，6 轴及以上货车流量空间分布。第二部分重点分析了典型纵向通道运行特征，包括京港澳、京沪、南北沿海、东北高速公路物流通道。第三部分重点分析了典型横向通道运行特征，包括陆桥、沿长江高速公路物流通道。

专栏

物流大通道①

以重要交通走廊和中心城市为依托，以东北、南北沿海、京沪、京港澳、二连浩特至北部湾、西南出海通道为纵轴，以西北能源外运及出海、青银、陆桥、沿长江、沪昆通道为横轴的“六纵五横”物流大通道空间结构。物流通道中的 11 条高速公路物流通道（共涉及 24 条高速公路），分别是东北通道（G1、G45、G10），南北沿海通道（G15、G25），京沪通道（G2、G3），京港澳（台）通道（G4），二连浩特至北部湾通道（G55、G59、G65），西南出海通道（G5、G75、G8511、G8011），西北能源外运及出海通道（G18、G6、G7），青银通道（G20），陆桥通道（G30），沿长江通道（G42、G50），沪昆通道（G56、G60）。

① 资料来源：《推进物流大通道建设行动计划（2016—2020 年）》。

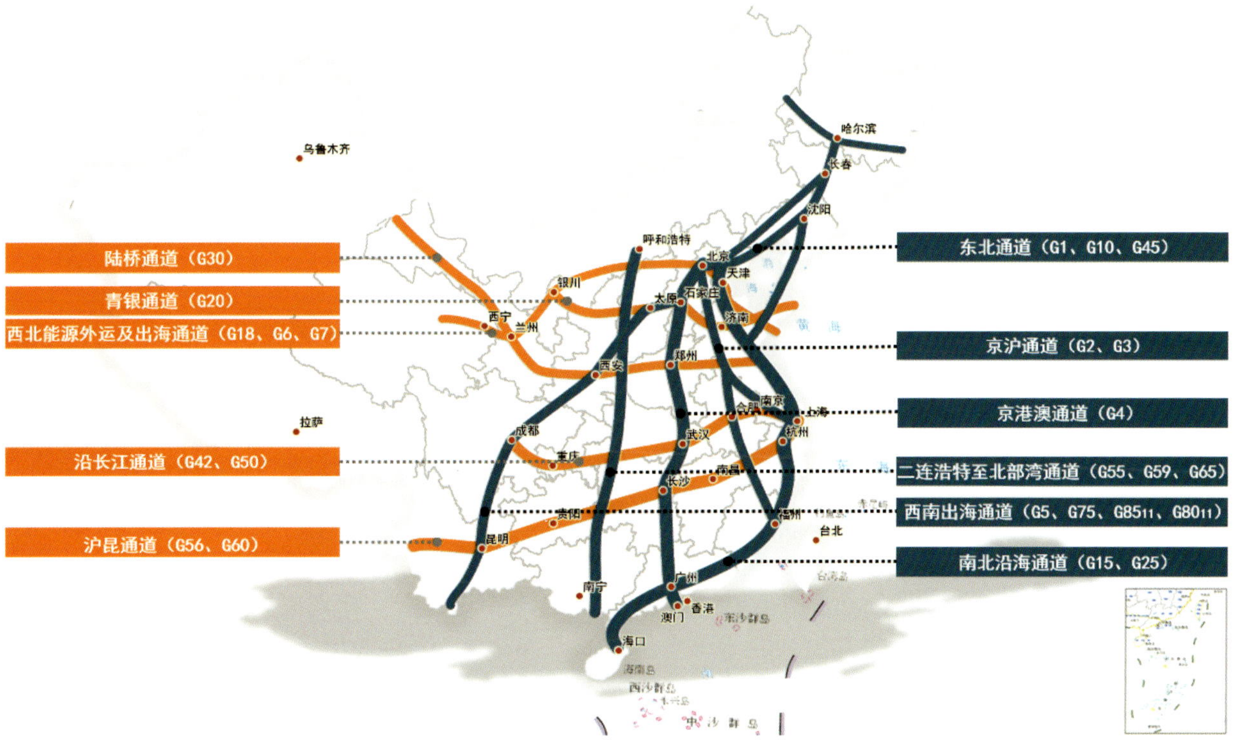

图 2-1　高速公路物流通道

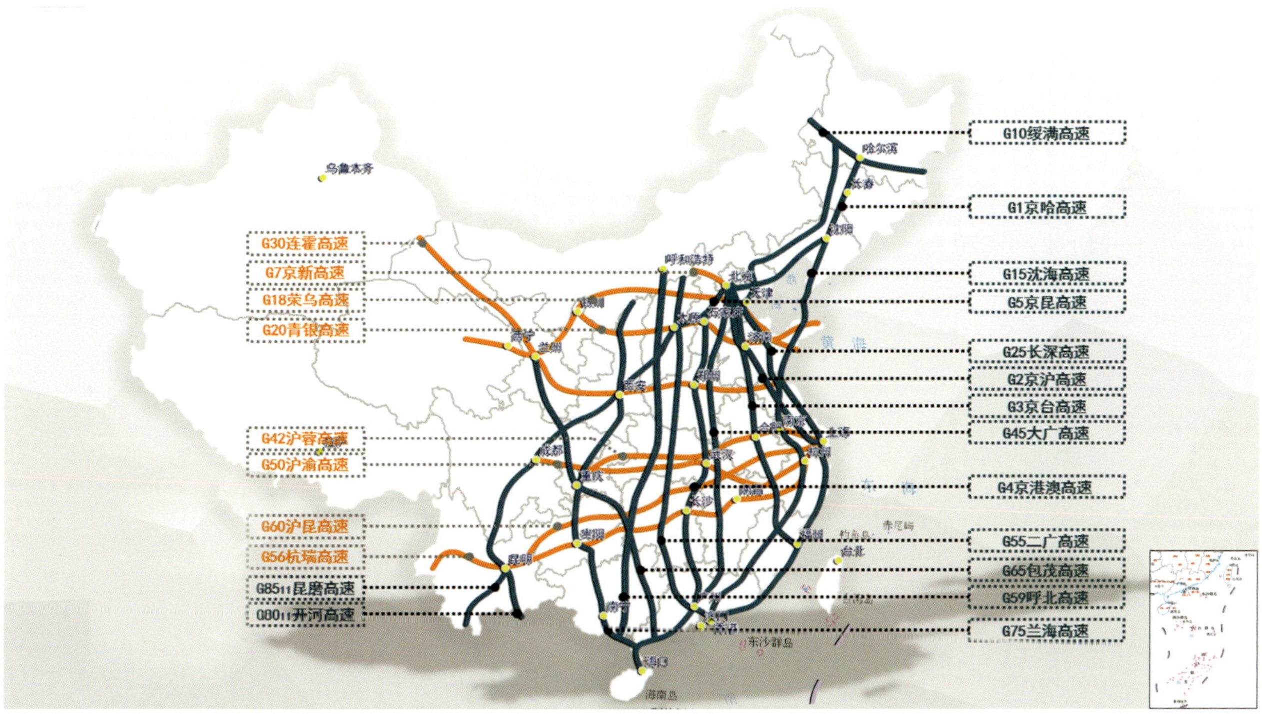

图 2-2　高速公路物流通道内线路

一、总体运行特征

1. 高速公路物流通道车流量及货运承载量是路网平均水平的 1.5~1.6 倍，在区域经济交流中发挥重要支撑作用

高速公路物流通道集聚能力强，货运承载量及车流量大。据高速公路动态监测数据分析，高速公路物流通道总车流量和货车流量分别为 2.5 万辆 / 日和 1.5 万辆 / 日，均为路网平均水平的 1.5 倍；高速公路物流通道货运承载量为 7.1 万吨 / 日，为路网平均水平的 1.6 倍。

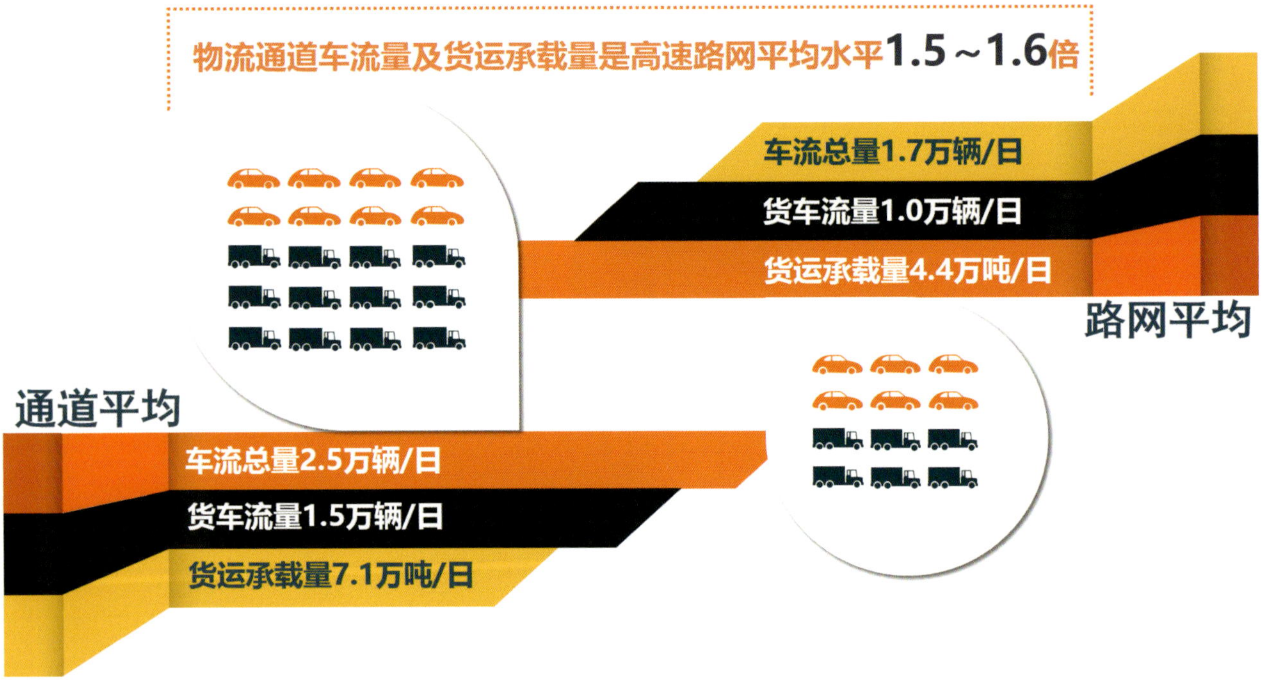

图 2-3 通道与路网平均水平对比

高速公路物流通道运行总体畅通，平均拥挤度[1]为 0.45，为路网平均水平的 1.8 倍。分通道看，京港澳、京沪、东北、南北沿海、青银、陆桥通道较为繁忙。京港澳、京沪、南北沿海高速公路物流通道拥挤度超 0.55，京港澳、京沪、东北高速公路物流通道总车流量超 3.5 万辆 / 日，京沪、京港澳、青银、南北沿海通道货车流量超 1.5 万辆 / 日，京港澳、京沪、青银、南北沿海、陆桥通道货运承载量超 7.5 万吨 / 日。

分线路看，京沪、京港澳、京哈、沈海、沪渝等高速公路较为繁忙。京沪、昆磨、沈海、京港澳、沪渝、京哈高速公路拥挤度超 0.55，京沪、沈海、京哈、京港澳高速公路总车流量超 4 万辆 / 日，京沪、京哈、京港澳、沈海高速公路货车流量超 2 万辆 / 日，京沪、京哈、京港澳、沪渝高速公路货运承载量超 10 万吨 / 日。

① 拥挤度指高速公路路段交通量与设计通行能力的比值，下同。

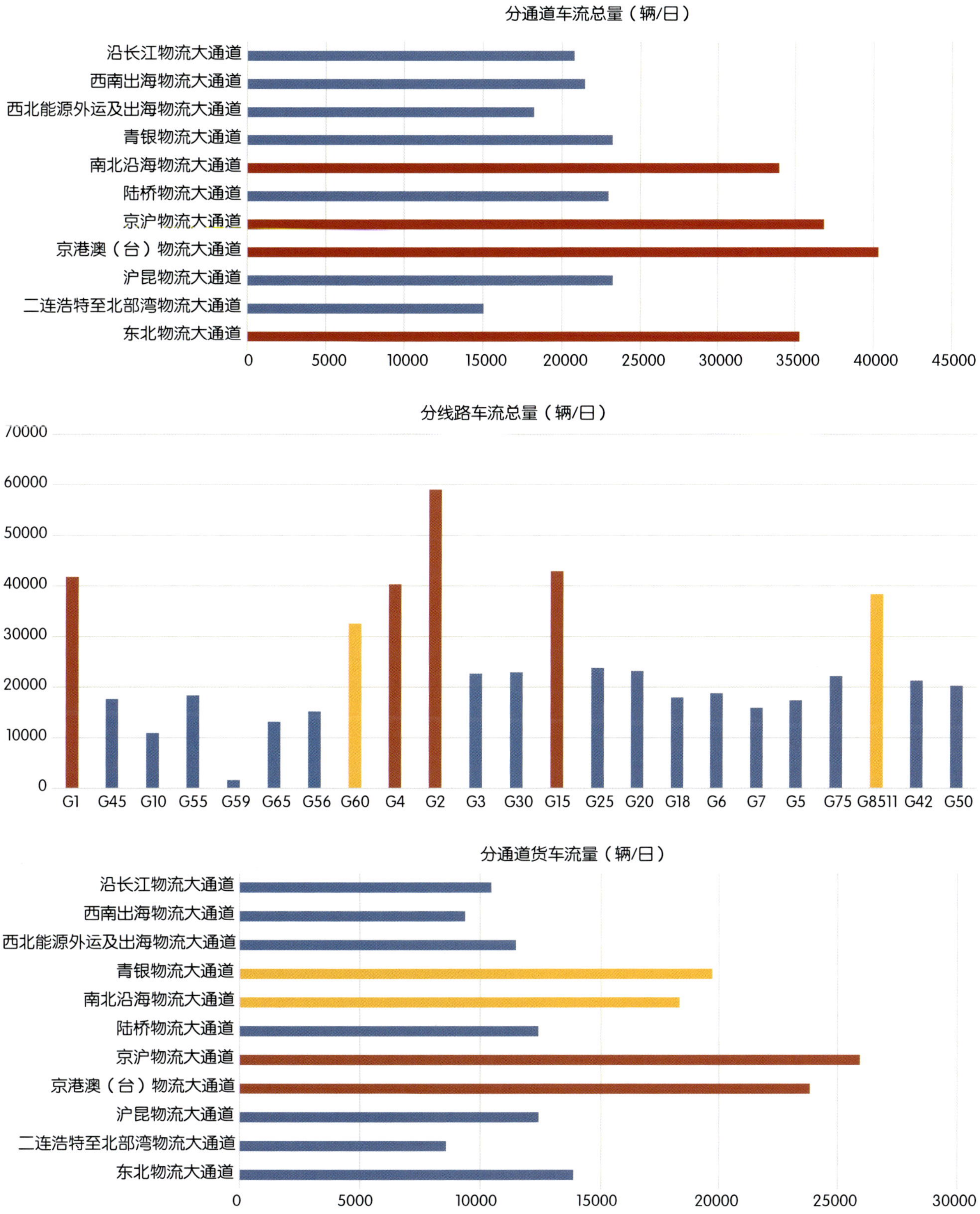

图 2-4　车流总量和货车流量、拥挤度、货运承载量对比

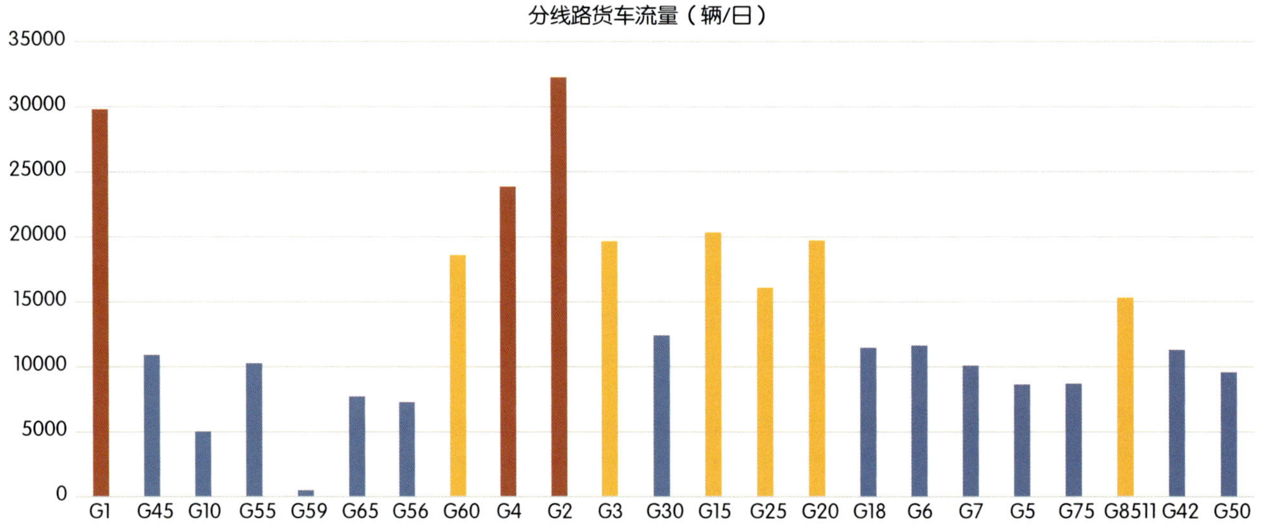
分线路货车流量（辆/日）
35000
30000
25000
20000
15000
10000
5000
0
G1 G45 G10 G55 G59 G65 G56 G60 G4 G2 G3 G30 G15 G25 G20 G18 G6 G7 G5 G75 G8511 G42 G50

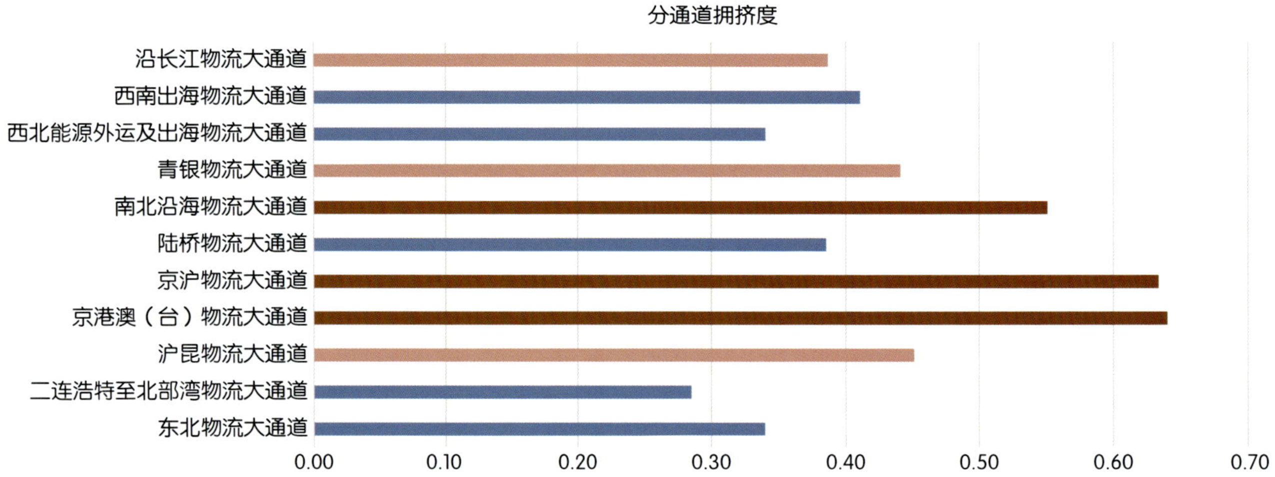
分通道拥挤度
沿长江物流大通道
西南出海物流大通道
西北能源外运及出海物流大通道
青银物流大通道
南北沿海物流大通道
陆桥物流大通道
京沪物流大通道
京港澳（台）物流大通道
沪昆物流大通道
二连浩特至北部湾物流大通道
东北物流大通道
0.00 0.10 0.20 0.30 0.40 0.50 0.60 0.70

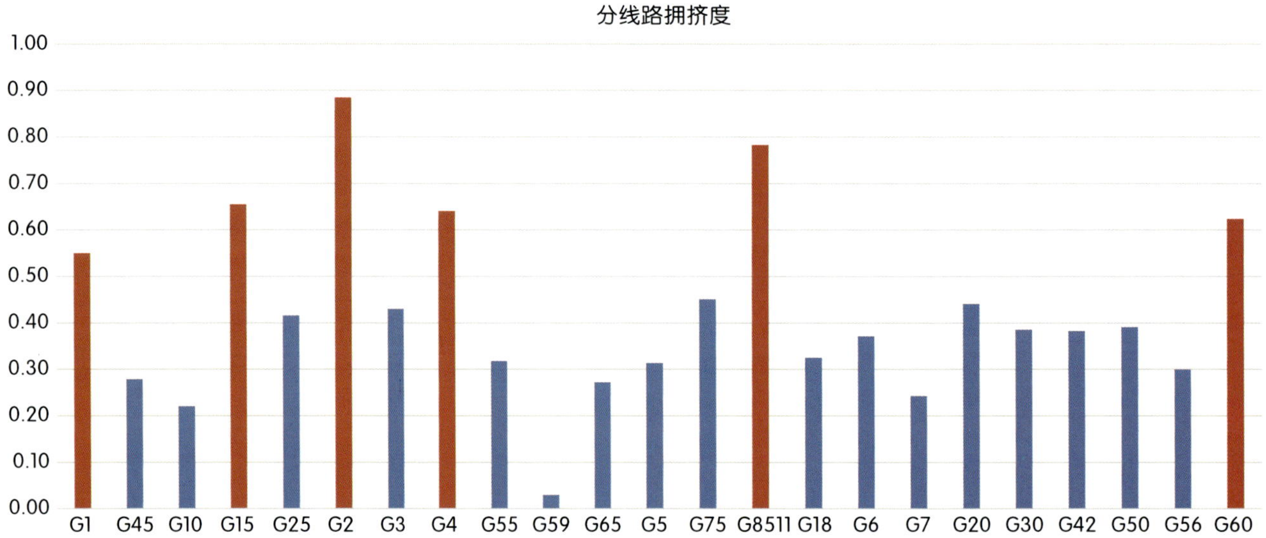
分线路拥挤度
1.00
0.90
0.80
0.70
0.60
0.50
0.40
0.30
0.20
0.10
0.00
G1 G45 G10 G15 G25 G2 G3 G4 G55 G59 G65 G5 G75 G8511 G18 G6 G7 G20 G30 G42 G50 G56 G60

图 2-4（续）

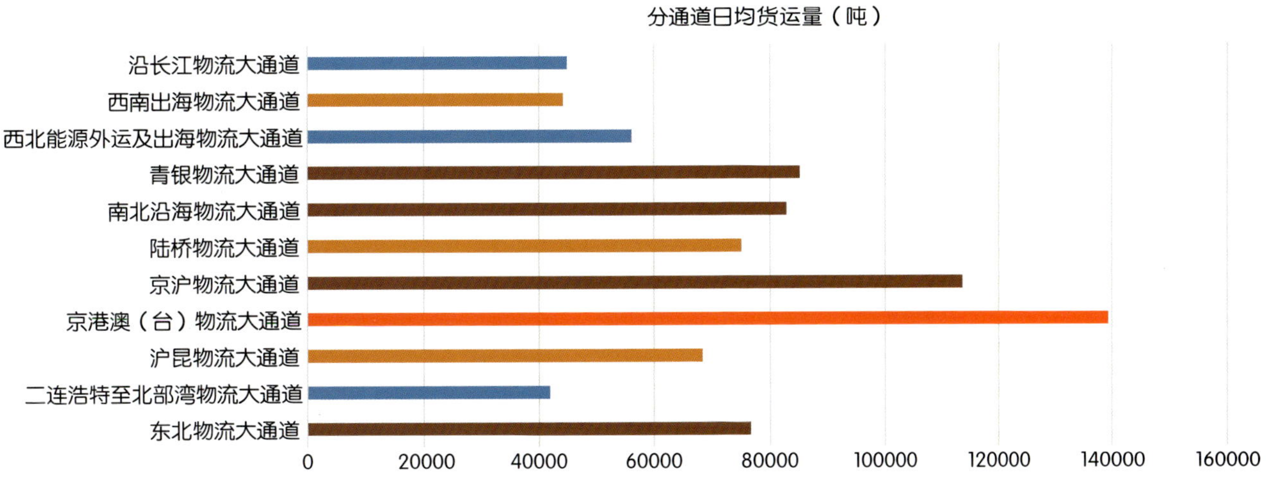

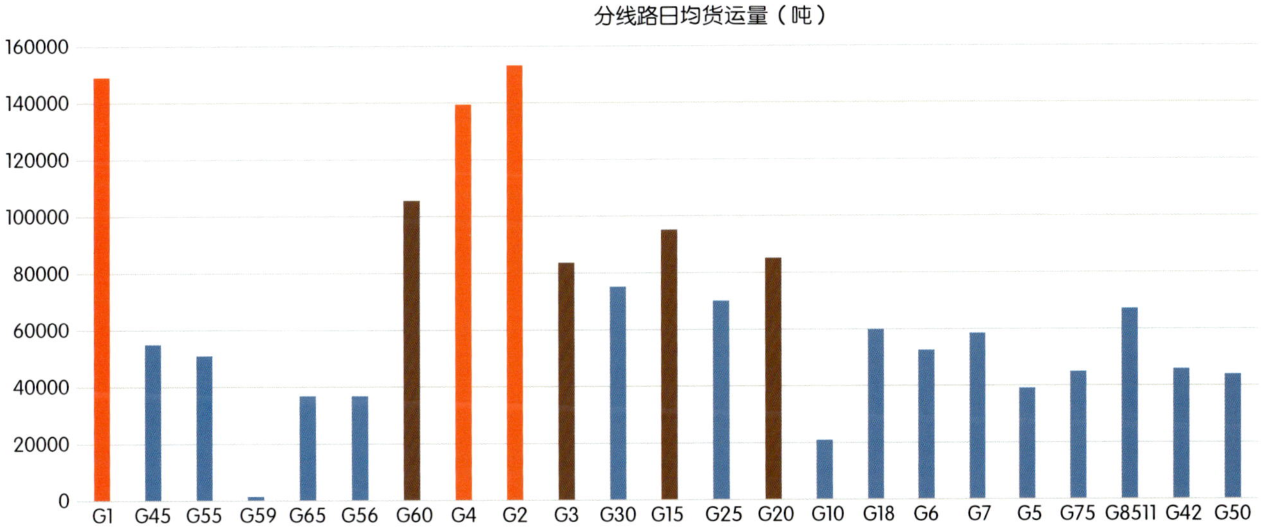

图 2-4（续）

2. 纵向高速公路物流通道承载货运量为横向通道的 1.2 倍，表明南北向经济互动活跃程度更高

总体上看，纵向通道货运承载量高于横向。纵向高速公路物流通道货运承载量为 7.3 万吨 / 日，是横向通道 6.2 万吨 / 日的 1.2 倍。

以京港澳通道为界，东西差异明显。京港澳通道以东纵向通道货运承载量高，京港澳、京沪、南北沿海、东北高速公路物流通道货运量分别为 13.9 万吨 / 日、11.4 万吨 / 日、8.3 万吨 / 日和 7.7 万吨 / 日，分别位居第 1、第 2、第 4 和第 5 位；京港澳通道以西纵向通道承载货运量相对较低，西南出海、二连浩特至北部湾高速公路物流通道货运承载量分别为 4.4 万吨 / 日和 4.2 万吨 / 日，分别位居第 10 和第 11 位。

横向通道货运承载量总体呈现出东高西低、中西部局部突出的特征。横向通道中，青银高速公路物流通道货运承载量高，为 8.5 万吨 / 日，位居第 3 位，横向通道的首位，最高点主要分布在山东段、山西段和陕西段。陆桥和沪昆高速公路物流通道货运承载量分别为 7.5 万吨 / 日和 6.8 万吨 / 日，分别位居第 6 和第 7 位，最高点分布在山西段、河南段、浙江段、江西段。西北能源外运及出海、沿长江高速公路物流通道货运承载量分别为 5.6 万吨 / 日和 4.5 万吨 / 日，分别位居第 8 和第 9 位，最高点分布在陕西段、河南段和安徽段。高速公路物流通道货运承载量空间分布与我国区域经济发展总体一致。

表 2-1　高速公路物流通道货运承载量汇总

高速公路物流通道		货运承载量（吨 / 日）	通道排位
通道平均值		71326	
纵向通道	东北通道	76697	5
	京沪通道	113635	2
	京港澳（台）通道	139390	1
	南北沿海通道	82862	4
	二连浩特至北部湾通道	41868	11
	西南出海通道	44184	10
横向通道	西北能源外运及出海通道	56131	8
	青银通道	85165	3
	陆桥通道	75174	6
	沿长江通道	44858	9
	沪昆通道	68423	7

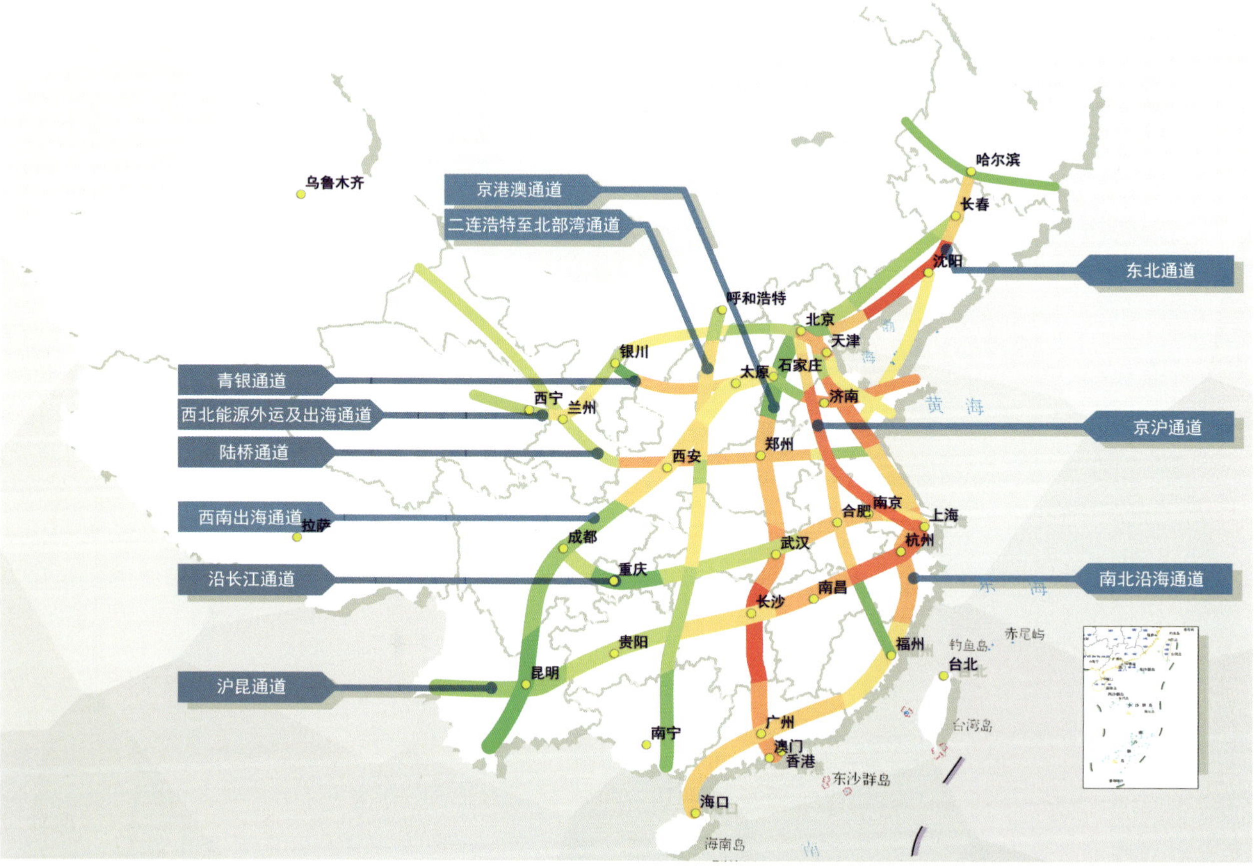

图 2-5　高速公路物流通道上货运承载量空间分布示意

专栏

货运承载量空间分布与我国区域经济发展总体一致

据2015年统计数据分析，东部地区人口、GDP、社会固定资产投资、社会消费品零售总额、货物进出口总额、邮电业务总量各项经济指标均较高。中部地区有些经济指标相对较高，如河南GDP超3亿元、人口超8000万人，均位居全国前列；中部地区路网密度也相对较高，如河南、湖北、安徽位居全国前7名，超过了北京。东北以及西部大部分地区经济指标相对较低，如甘肃居民人均可支配收入分别只有京、沪的1/4左右，新疆也只有京、沪的1/3；东北城市经济增速较低，比较而言，东中部的南京和武汉GDP几乎是哈尔滨、长春的2倍，长沙的GDP甚至超过了东北三省的副省级城市。然而，在“一带一路”和向西开放、中部崛起、产业梯度转移等国家战略的推动下，中西部的局部地区近年来增速较快。

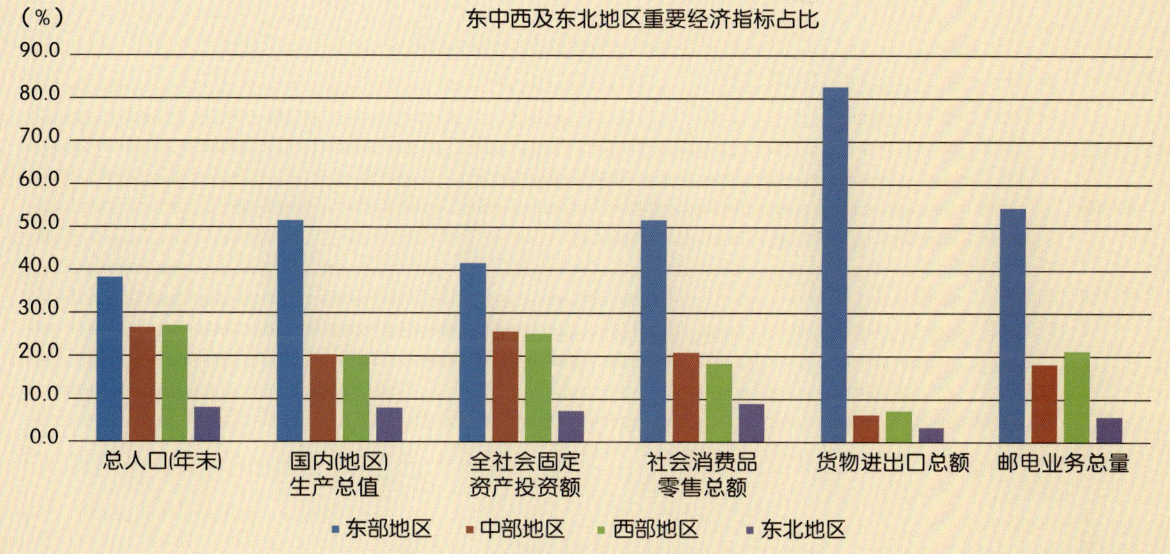

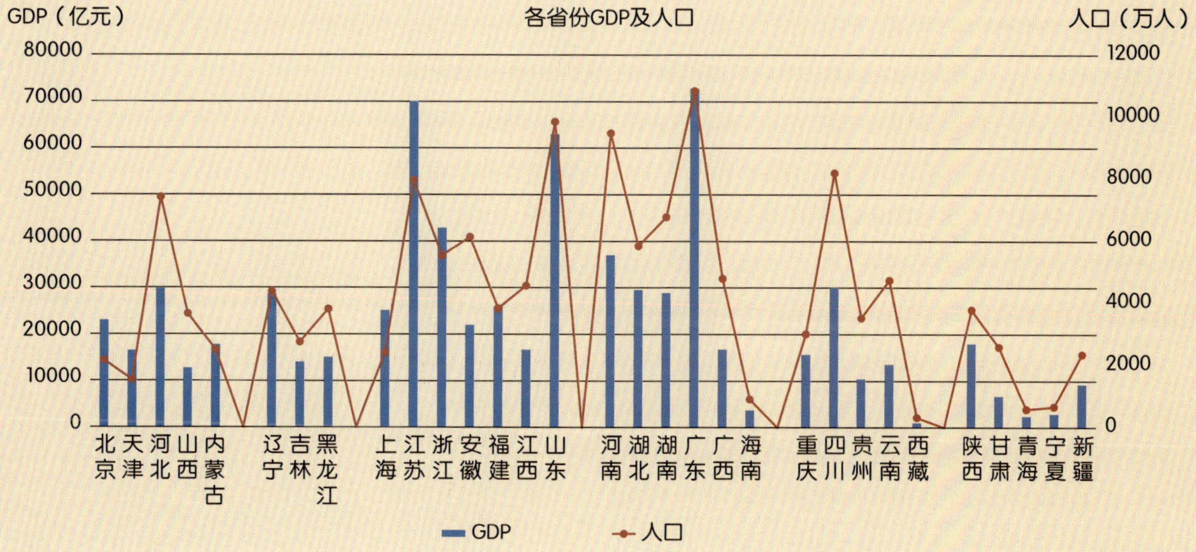

3. 重要能源通道 6 轴及以上货车比重高，支撑我国能源运输和区域间货物交流

重要能源通道 6 轴及以上货车比重高，高点多分布在能源大省。按收费站出口车流量计算，西北能源外运及出海、青银高速公路物流通道上，6 轴及以上货车占比分别为 57% 和 56%，分别高于平均值 21 个和 19 个百分点，位居第 1 和第 2 位，高点出现在能源大省山西段（91%）、陕西段（81%），有力地支撑了我国能源大省经济稳定发展。

除西北能源外运及出海、青银高速公路物流通道外，陆桥、东北、京沪、二连浩特至北部湾高速公路物流通道上 6 轴及以上货车占比高于 36% 的平均水平，通道上高点分别出现所在通道的江苏段（47%）、辽宁段（59%）、河北段（68%）、山西段（65%）和陕西段（48%）。

分省份看，通道上 6 轴及以上货车占比前 10 省份为山西、吉林、天津、河北、宁夏、陕西、山东、青海、辽宁和河南。总体上，通道上 6 轴及以上货车占比高低与相关省份经济规模和产业结构有一定的关联关系，经济发达、以重工业为主的省份，运输需求较大，重质货物运输交流更频繁。

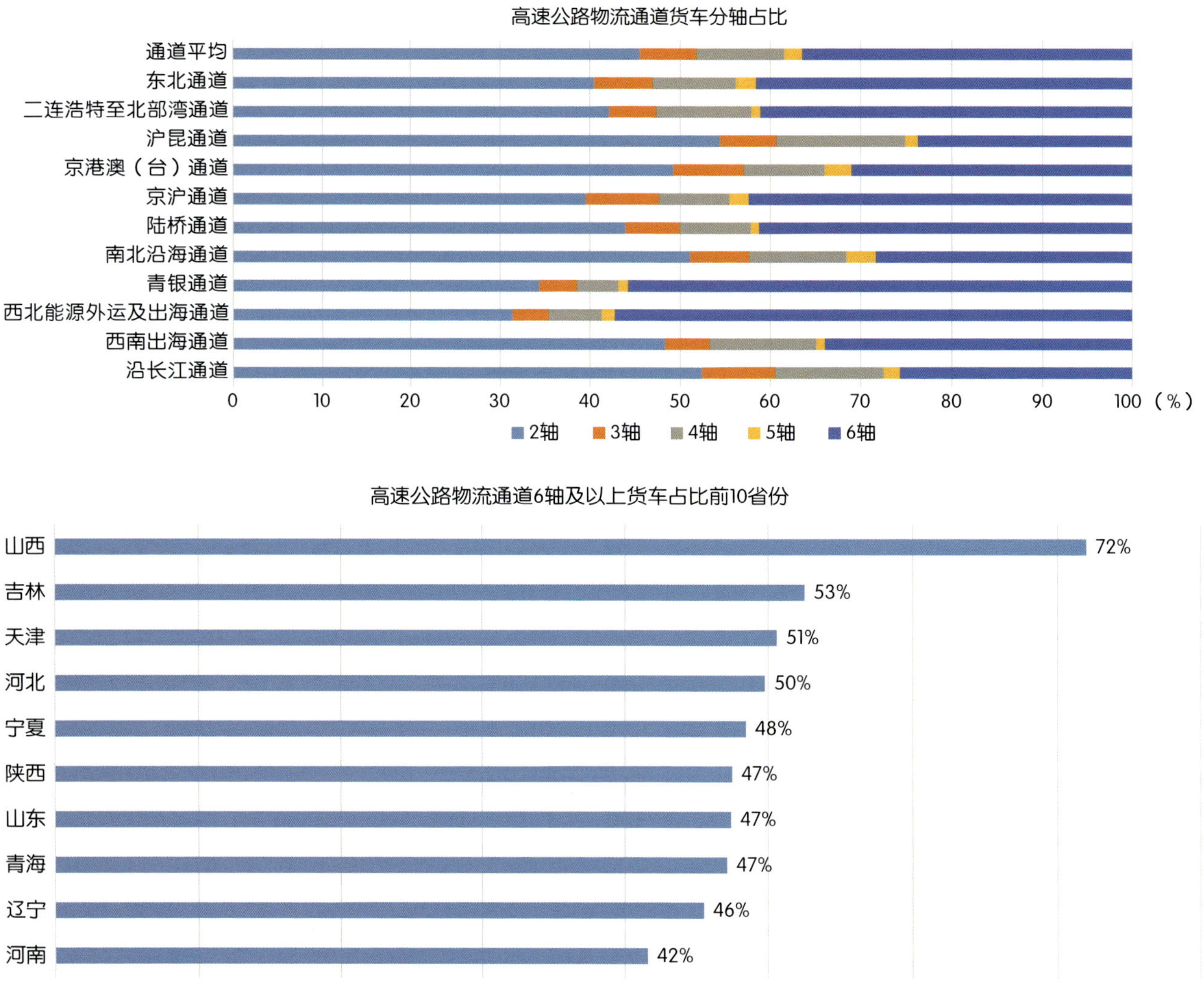

图 2-6 高速公路物流通道上 6 轴及以上货车占比

图 2-7　高速公路物流通道上 6 轴及以上货车流量空间分布

二、典型纵向通道运行特征

1. 京港澳高速公路物流通道货运承载量、6 轴及以上货车流量、拥挤度“三高”特征明显，支撑沿线区域经济联系和物资交流

京港澳高速公路物流通道上，货运承载量 13.9 万吨 / 日，为通道平均的 2 倍，位居首位，其中湖南段超 20 万吨 / 日，湖北段、河南段、广东段超 10 万吨 / 日。按断面车流量计算，6 轴及以上货车流量 0.8 万辆 / 日，位居首位，其中湖南段、湖北段超 1 万辆 / 日，广东段、河南段超 0.7 万辆 / 日。平均拥挤度 0.64，为通道平均水平的 1.42 倍，其中广东段、湖南段、湖北段超 0.55。通道在沿线区域物资交流，京津冀、长江中游和珠三角地区经济联系中发挥着突出作用。

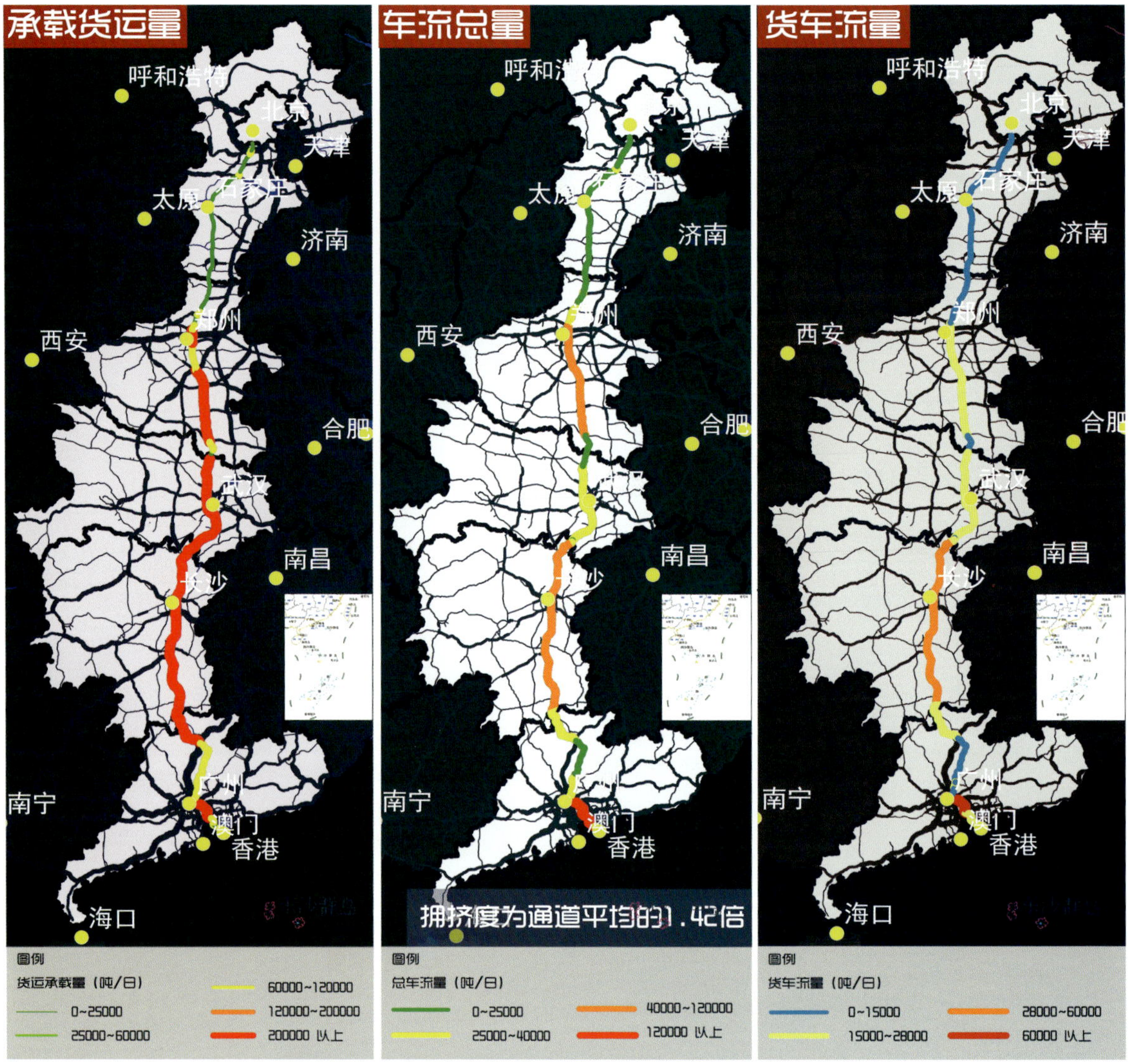

图 2-8　京港澳通道货运承载量及车流量空间分布

专栏　京港澳高速公路通道运行与中部地区经济、路网及发达地区吸引相关

京港澳高速公路物流通道“三高”特征，既与沿线中部省份经济和人口规模较大、交通网络完善等相关，又与珠三角地区对中部地区的吸引密不可分。据 2015 年统计数据分析，中部地区实现生产总值 14.7 万亿元，10 年年均增长 11.6%，比全国平均水平高 2.1 个百分点；经济总量占全国比重达 20% 以上，位居四大板块第 2 位。中部地区人口为 3.65 亿人，占全国总人口的 25% 以上；近 10 年长江中游城市群、中原城市群逐步发展壮大，新增 5000 万人到城市居住生活，城镇化率提高到 51.2%，辐射带动能力不断增强。从交通网络看，中部地区具有承东启西、连南接北的独特区位，纵横联通，交通网络发达，通道沿线的河南、湖北等路网密度位居全国前列，高速公路密度位居四大板块第 2 位。此外，“中部崛起”战略也推动我国经济增长空间由珠三角等沿海地区向内陆地区拓展。

2. 京沪高速公路物流通道内京沪高速货运承载量、总车和6轴及以上货车均位居首位，推动京、沪两大经济圈协调发展

从整个通道看，京沪高速公路物流通道位居前列，南北段差异明显。通道货运承载量11.4万吨/日，为通道平均的1.6倍，其中江苏段、山东段超20万吨/日，河北段、天津段、安徽段超5万吨/日。通道货车流量2.6万辆/日，位居首位，为通道平均水平的1.7倍，其中湖南段、广东段超3.5万辆/日，河南段、湖北段超2万辆/日。按断面车流量计算，6轴及以上货车流量0.8万辆/日，基本上与京港澳通道持平，其中上海段、江苏段、山东段超1万辆/日，河北段超0.5万辆/日。以长江为界，通道北段日均货运承载量是南段的5.9倍。

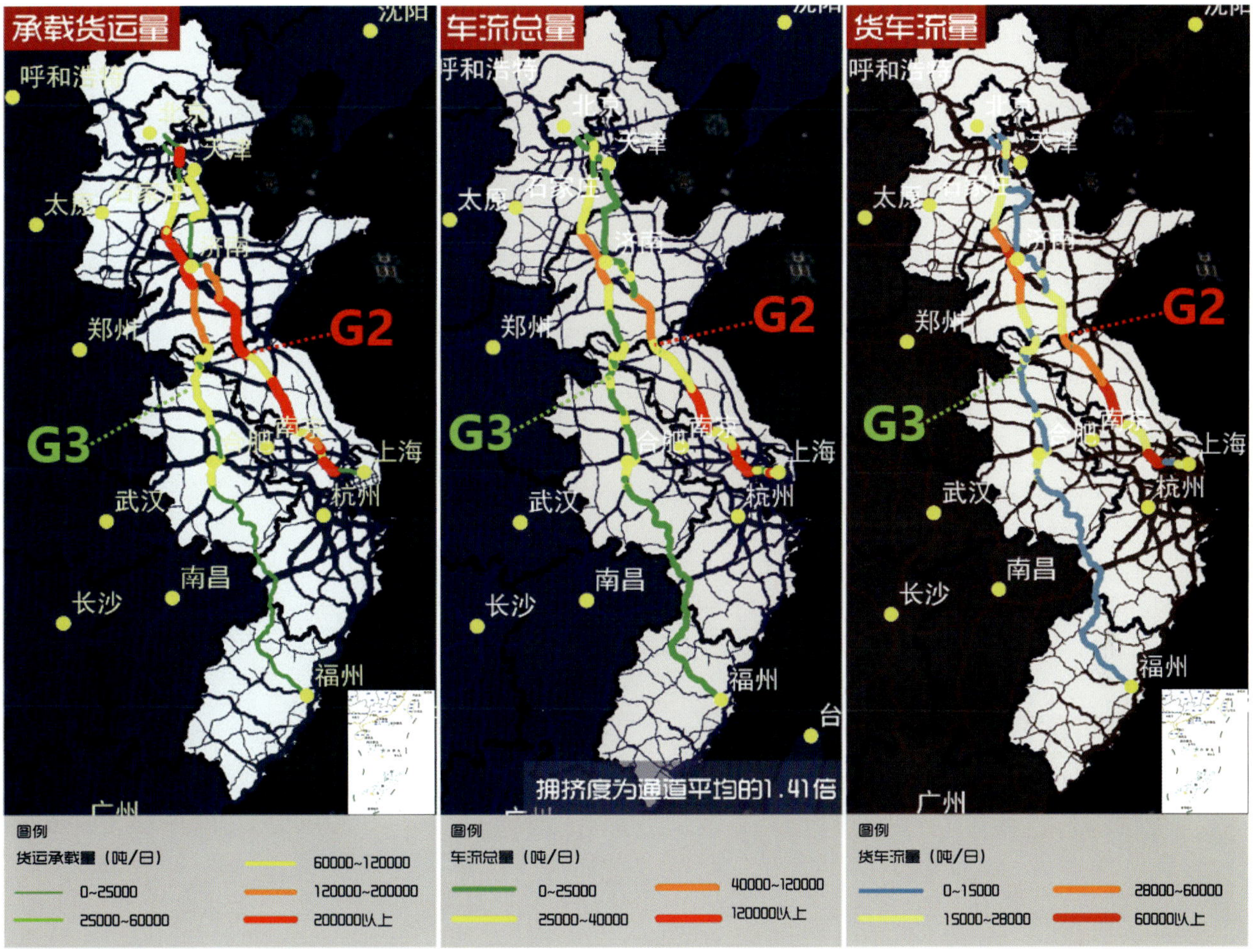

图2-9　京沪通道货运承载量及车流量空间分布

从通道内的两条线路对比看，京沪高速G2各项指标值远高于京台高速G3，特别是南段差异明显。京沪高速G2的货运承载量、总车、6轴及以上货车均位居线路首位。京沪高速G2货运承载量为15.3万吨/日、总车5.9万辆/日、6轴及以上货车1.1万辆/日，均为线路中最高。通道支撑京津冀、山东半岛、长三角等地区间的货运联系，在我国经济实力雄厚、辐射能力强大的经济轴线上发挥了重要作用。

专栏　京沪高速公路物流通道推动两大经济圈协调发展

通道内京沪高速货运承载量、总车和6轴及以上货车均位居首位，主要是由其连接我国经济规模最大的两大经济圈所决定的。京沪高速串连起的四省三市国土面积占全国的6.5%，人口占全国的1/4，GDP占全国的40%，是我国经济实力雄厚、辐射能力强大的经济轴线。依托京沪高速，加速两大经济圈之间的生产要素流动，增强长三角地区对环渤海地区经济发展的辐射带动作用，促进环渤海地区经济发展，也推动我国沿海地区形成南部和北部更加均衡发展的格局。

3. 南北沿海高速公路物流通道围绕沿海港区段集聚特征明显，支撑沿海主要经济区间的物资交互、产业协调发展

从整个通道看，南北沿海通道货运承载量、总车、货车、6轴及以上货车流量均位居第4位，次于京港澳、京沪和青银通道。通道货运承载量8.3万吨/日，为通道平均的1.2倍，其中天津段、山东段、浙江段、福州段超10万吨/日。通道总车流量3.4万辆/日，为通道平均的1.4倍，其中上海段、江苏段、浙江段、福建段、广东段超4万辆/日。通道货车流量1.8万辆/日，为通道平均的1.2倍多，其中天津段、浙江段、山东段超2.5万辆/日。按断面车流量计算，6轴及以上货车流量0.5万辆/日，其中上海段、天津段、山东段、辽宁段6轴及以上货车占比高。

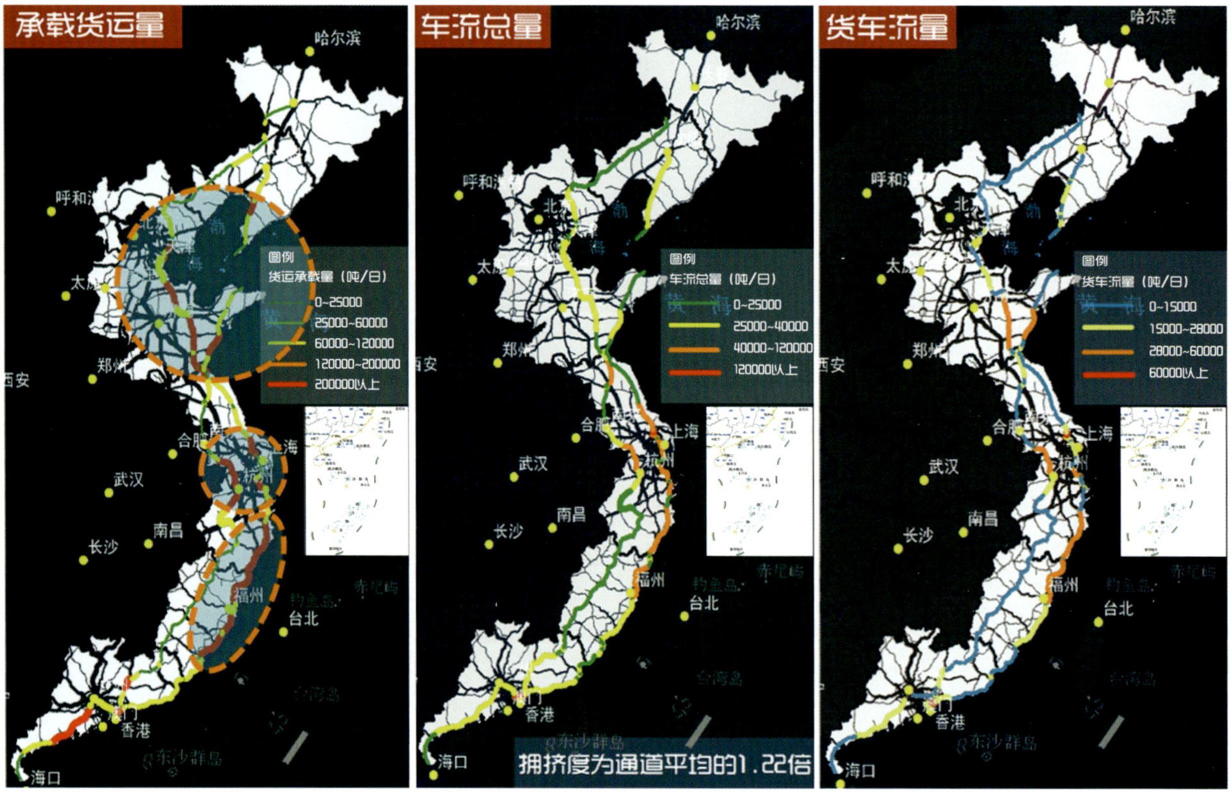

图2-10　南北沿海通道货运承载量及车流量空间分布

从通道内的两条线路对比看，通道内更靠近沿海港区的沈海高速G15的货运承载量、总车、货车、6轴及以上货车均高于长深高速G25。此外，围绕港口群集聚特征明显，环渤海港口群、长三角港口群、东南沿海港口群区段分别是通道平均的1.3倍、1.2倍和1.4倍。通道对推动沿海主要经济区间的产业发展起到了重要作用。

专栏　南北沿海高速公路物流通道支撑重要港口群腹地经济发展

南北沿海高速公路物流通道围绕沿海重要港口区段形成集聚特征，与国家发展战略、港口群腹地经济规模、港口货物吞吐量等相关。从国家战略看，环渤海港口群内陆经济腹地正在推进的京津冀一体化战略、山东半岛蓝色经济区建设，长江经济带龙头长三角直接对接"一带一路"新亚欧大陆桥经济带等都给予了地区经济发展更大的动力，进而也促进了通道货物运输的提高。

从港口群经济腹地规模来看，环渤海、长三角和珠三角港口群经济腹地的GDP在2015年分别为161030亿元、138126亿元和102495亿元。环渤海港口群、长三角港口群经济腹地的经济规模不断扩大，珠三角港口群腹地经济规模有所下降。相应地，环渤海的天津港、青岛港和长三角的上海港、宁波—舟山港货物吞吐量位居前列，尤其是宁波—舟山港，货物吞吐量连续7年居全球港口首位，集装箱吞吐量居世界第5位。

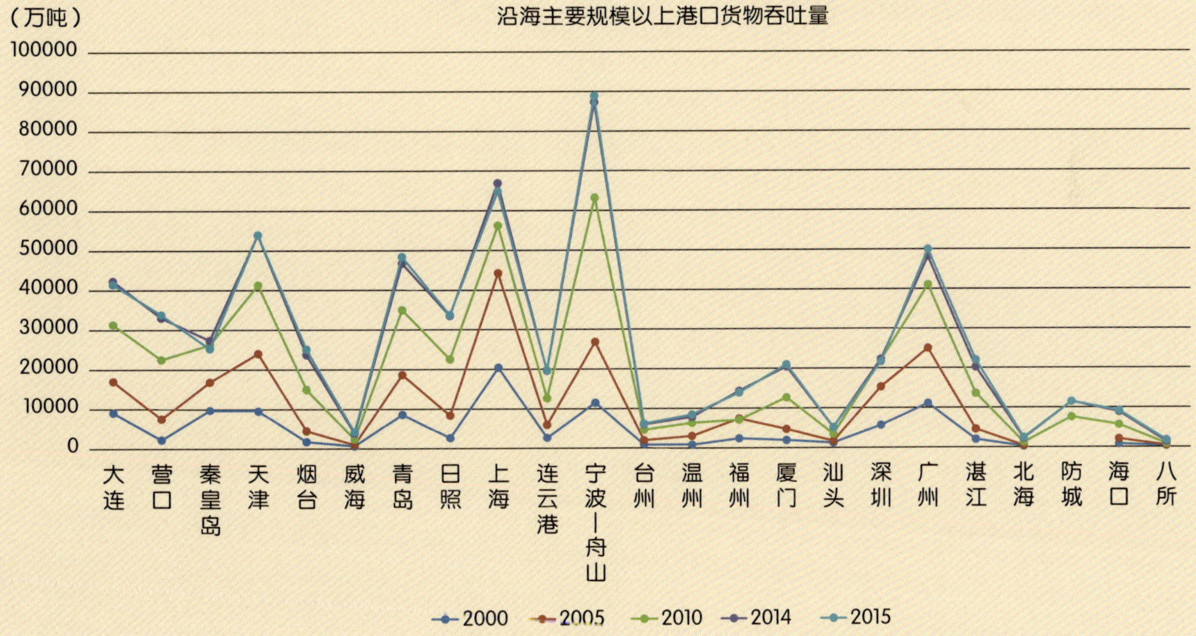

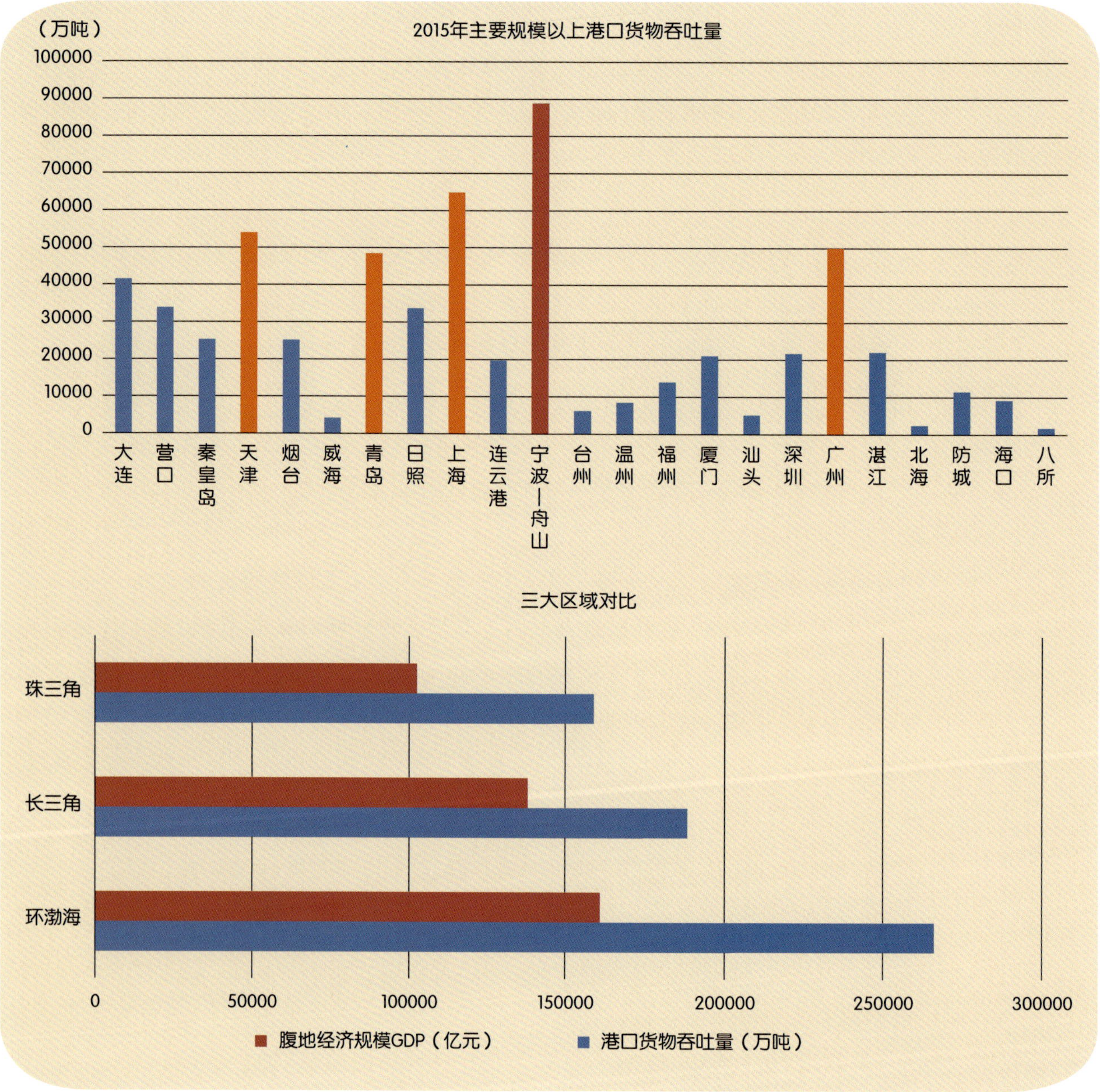

4. 东北高速公路物流通道内京哈高速主轴特征明显，支撑东北地区进出关及通过京津冀与全国其他地区的货物联系

从整个通道看，东北高速物流通道位居中游水平，排在第5名。通道货运承载量7.7万吨/日，总车和货车流量分别为3.5万辆/日和1.4万辆/日。按断面车流量计算，6轴及以上货车流量0.4万辆/日，其中辽宁段、河北段较高。

从通道内的三条线路对比看，京哈高速G1各项指标值远高于大广高速G45和绥满高速G10，主轴特征明显。京哈高速货运承载量、货车流量、6轴及以上货车流量“三高”特征明显，货运承载量14.9万吨/日、6轴及以上货车流量0.9万辆/日，均高于京港澳高速G4，仅次于京沪高速G2；货车流量3万辆/日，仅次于京沪高速G2和京港澳高速G4。京哈高速在东北地区进出关、产品物资外运及通过京津冀与全国其他地区的货运联系上发挥了重要作用。

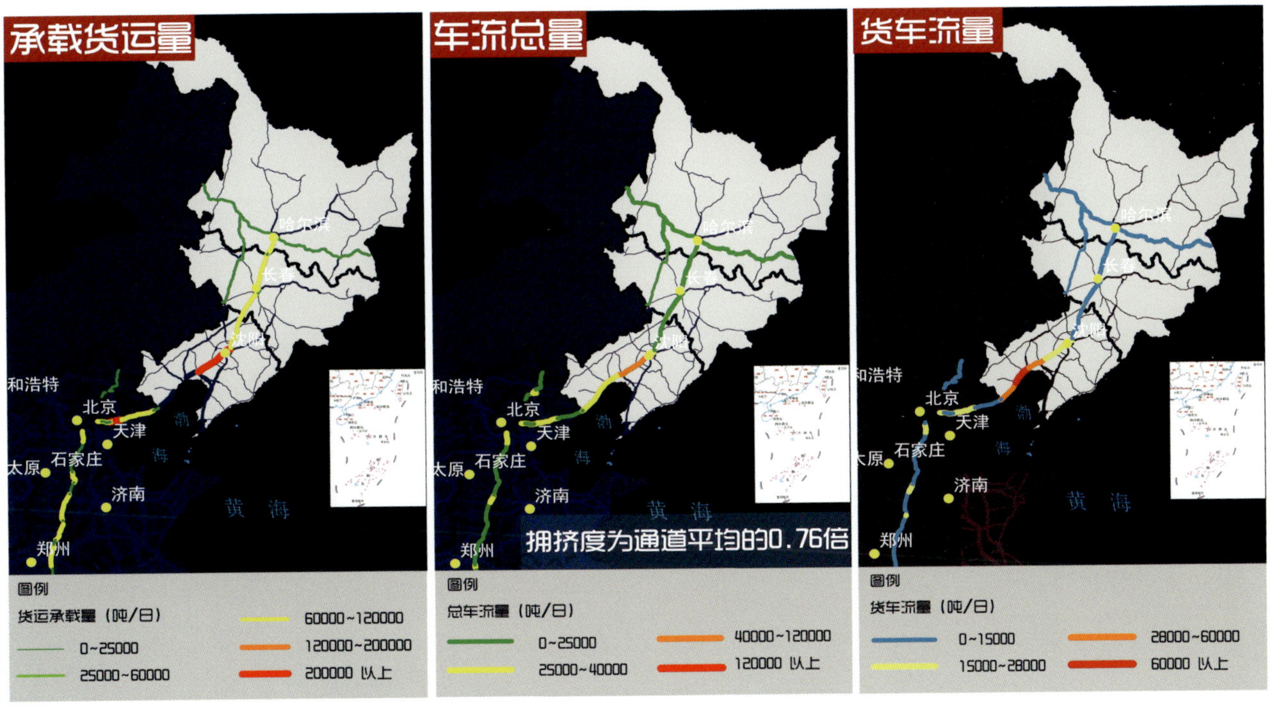

图 2–11　东北通道货运承载量及车流量空间分布

专栏　东北高速公路物流通道支撑京津冀协同和东北振兴两大战略互促互进

东北高速公路物流通道内京哈主轴特征凸显，主要是由东北地区的资源分布和产业结构决定的，其所在的中部地带是东北地区经济最为发达的地域，以重工业为主的制造业，主要原材料工业（钢铁）与石化工业和粮食基地分布于这一地带内，特大城市与城市群及主要港口也分布在这一地带内。产业集聚使得区域内的货流以南北向为主，以沈阳为中心的辽中城市群是东北地区的物流中心，面对东北周边地区聚集到中部、继而南下的货流。依托该通道，东北地区进出关、与京津冀地区紧密相连和互促互进，进而推动东北经济振兴。

三、典型横向通道运行特征

1. 陆桥高速公路物流通道位居横向通道前列，“段状集中聚集”特征明显，对促进国家“一带一路”和向西开放发挥重要作用

从整个通道看，陆桥通道是通道中最长的一条横贯东西通道，货运承载量位居第 6 位，是仅次于青银通道的重要横向通道；总车、货车、6 轴及以上货车流量均位居第 7 位，横向通道中次于青银和沪昆通道。通道货运承载量 7.5 万吨 / 日，为通道平均的 1.1 倍，其中陕西段 14.1 万吨 / 日、河南段 12.2 万吨 / 日。总车流量 2.3 万辆 / 日，为通道平均的 0.9 倍，其中陕西段 4.2 万辆 / 日、河南段 4 万辆 / 日。货车流量 1.2 万辆 / 日，为通道平均的 0.8 倍，其中陕西段 2.3 万辆 / 日、河南段 2.1 万辆 / 日。

按断面车流量计算，6 轴及以上货车流量约 0.4 万辆 / 日，其中陕西段和河南段重型车流量较大，分别为 0.7 万辆 / 日和 0.6 万辆 / 日。通道上陕西段、河南段各项指标均远高于其他省份，“段状集中集聚”特征明显，这条重要的横向通道对促进“一带一路”倡议和向西开放的战略起到重要作用。

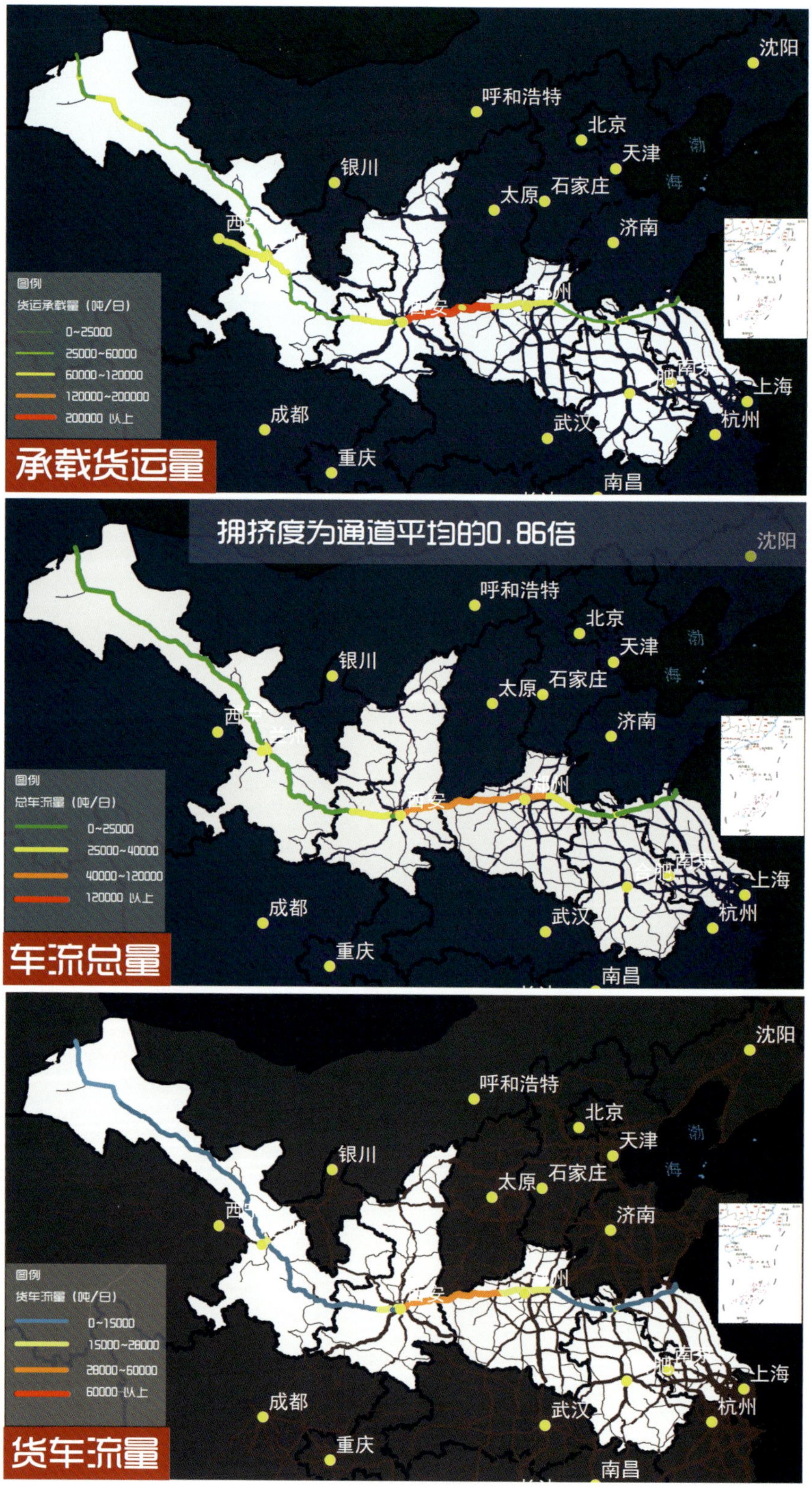

图 2-12 陆桥通道货运承载量及车流量空间分布

专栏 陆桥高速物流通道运行体现“一带一路”倡议的重要引领作用

陆桥高速公路物流通道是重要的横向通道，“段状集中集聚”特征，既与“一带一路”倡议和向西开放的战略引导支撑密不可分，又与河南、陕西等省份具有一定的工业基础相关。随着国家对内陆、沿边地区口岸开放力度加大，“渝新欧”、“义新欧”、“郑欧”等10多条国际物流大通道逐步形成，中部省份在地理位置上相对于东部沿海省份不再具有明显劣势，原分布于沿海省份的劳动密集型制造、化工等产业逐渐内移至中西部地区，河南、陕西等中西部省份作为东西双向的中转地或工业聚集地作用逐渐显现。同时，伴随着“中部崛起”和“西部大开发”，国内中西部市场的消费能力逐渐增强，对国外市场进口需求日益增加，中西部地区从市场后方走到市场前方，改善中西部区域经济纵深发展条件，增强主要经济区的辐射带动能力。

2. 沿长江高速公路物流通道受水运和铁路的分流影响，货运功能特征并不突出，长江立体交通走廊共同支撑了长江经济带的发展

从整个通道看，沿长江通道货运承载量、总车和货车流量均位居第9位，6轴及以上货车流量位居第10位，货运功能特征并不突出。通道货运承载量4.5万吨/日，其中安徽段11.6万吨/日、江苏段7.7万吨/日。总车流量2.1万辆/日，其中江苏段5.9万辆/日、上海段5.1万辆/日、安徽段2.9万辆/日。货车流量1万辆/日，其中江苏段2.3万辆/日、安徽段2万辆/日。按断面车流量计算，6轴及以上货车平均流量0.3万辆/日，其中上海段、安徽段和江苏段流量较高，均超0.5万辆/日；6轴及以上货车流量占货车比重25%，为通道平均的0.89倍。总体上长江下游区段各项指标高于长江中下游区段。

货运功能特征不突出主要是受水运和铁路的分流影响，尤其是长江黄金水道的分流作用突出。从运输结构分析看，沿长江经济带是在长江立体交通走廊的共同作用下，带动东中西部地区联动发展的。

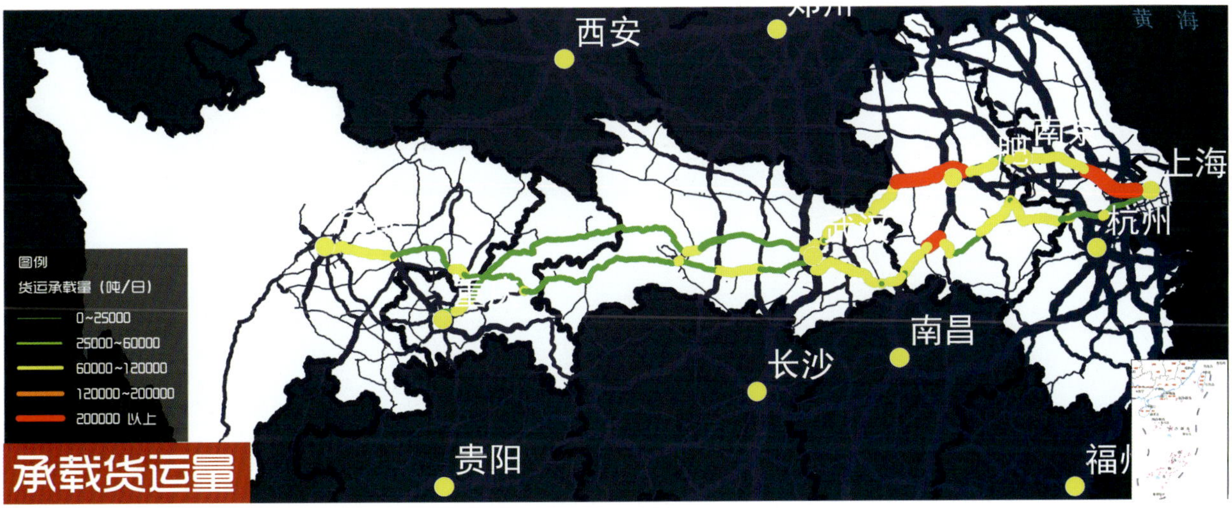

图2-13 沿长江通道货运承载量及车流量空间分布

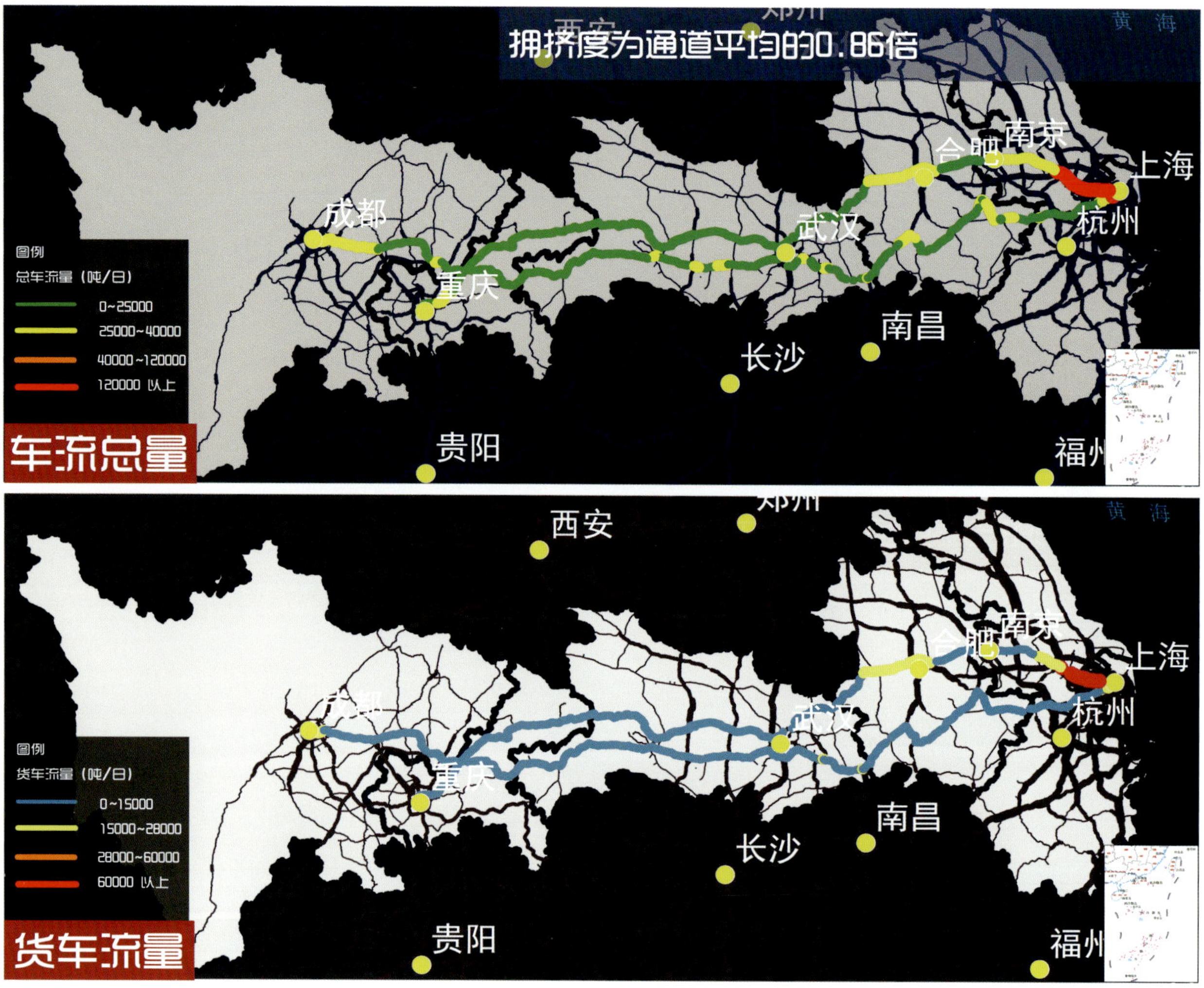

图 2-13（续）

专栏

综合交通走廊共同促进沿长江经济带的发展

受水运和铁路的分流影响，沿长江高速公路物流通道货运功能作用并不突出。从综合货物运输结构看，沿长江各省（市）公路运输占比在 58%~87%，其中高速公路占比在 8%~45%，浙江省和安徽省高速公路占比分别为最高和最低；水路货运占比在 5%~38%，江苏省和四川省占比分别为最高和最低；铁路货运占比在 2%~8%，相对占比较低，四川省和安徽省占比分别为最高和最低。

水路货物运输方面。长江黄金水道是横贯我国东、中、西部经济走廊的水运大动脉和对外开放的重要门户，长江航运在沿江地区经济发展中发挥着举足轻重的作用，近年来长江干线货运量约占全国内河货运量的 60%，承担沿江地区 85% 的煤炭、铁矿石以及中上游地区 90% 的外贸货运量。此外，长江流域还是上海都市圈港口群的重要腹地，近年来长江干线规模以上港口完成货物吞吐量位居全球内河第 1。在长江黄金水道各省区段中，江苏区段吞吐量占比逐年上升，占比最大，约为 70%。

铁路货物运输方面。长江沿线省份国家铁路地区间货物交流以省内及相邻省份间交流为主，省内交流量从高至低依次为安徽、四川、贵州、湖南、浙江、湖北、云南、江苏；相邻省份交流量从高至低依次为安徽和江苏、安徽与江西、贵州与云南、四川与云南、四川与重庆、贵州与四川。

省份	上海	江苏	浙江	安徽	江西	湖北	湖南	重庆	四川	贵州	云南
上海	2	15	8	15	23	22	12	13	66	12	23
江苏	47	829	35	434	172	27	44	26	170	32	83
浙江	41	21	1985	24	654	12	24	25	46	33	51
安徽	72	1758	450	5228	1275	327	219	18	75	56	58
江西	40	19	333	32	1798	114	386	71	67	190	70
湖北	4	37	32	32	105	1494	213	99	510	155	132
湖南	10	17	58	5	104	79	2430	97	63	242	64
重庆	3	2	2	2	2	6	21	501	759	129	44
四川	33	42	29	19	22	75	32	699	3254	267	798
贵州	4	15	9	6	41	82	38	547	675	2092	850
云南	59	76	53	22	45	51	81	92	426	216	1300

第三章 城镇化视角下的高速公路运行

城镇化地区是国家主体功能区划中优化开发和重点开发区域，人口密集、产业聚集，经济社会发展水平相对较高，在承载工业化和信息化发展空间，带动农业现代化加快发展方面，发挥着不可替代的融合作用。目前全国常住人口城镇化率为57.4%，处于城镇化率30%~70%的快速发展区间，处在城镇化深入发展的关键时期，在“东部率先、中部崛起、西部开发、东北振兴”等重大战略的带动下，基本形成“两横三纵”的城镇化战略格局。

专栏

国家新型城镇化规划（2014—2020年）

加快转变城镇化发展方式，实现1亿左右农业转移人口和其他常住人口在城镇落户；以城市群为主体形态，推动大中小城市和小城镇协调发展；强化综合交通运输网络支撑，快速铁路网基本覆盖50万人以上的城市，国家高速公路基本覆盖20万人以上的城市，航空服务覆盖全国90%左右的人口，努力走出一条以人为本、四化同步、优化布局、生态文明、文化传承的中国特色新型城镇化道路。预计到2020年，全国常住人口城镇化率达到60%左右。

专栏

中华人民共和国国民经济和社会发展第十三个五年规划纲要

加快城市群建设发展，优化提升东部地区城市群，建设京津冀、长三角、珠三角世界级城市群，提升山东半岛、海峡西岸城市群开放竞争水平。培育中西部地区城市群，发展壮大东北地区、中原地区、长江中游、成渝地区、关中平原城市群，规划引导北部湾、山西中部、呼包鄂榆、黔中、滇中、兰州—西宁、宁夏沿黄、天山北坡城市群发展，形成更多支撑区域发展的增长极。促进以拉萨为中心、以喀什为中心的城市圈发展。

高速公路是城镇化发展的重要支撑，城镇化空间形态的重要引导，其建设引导和支撑城镇化走向，已经成为国家层面的重要战略考量。本章根据《城镇化地区综合交通网规划》的总体范围，重点选择能够采集到高速公路运行数据的京津冀、长三角、珠三角、长江中游、成渝、海峡西岸、山东半岛、哈长、辽中南、中原、关中—天水、北部湾、太原、滇中、黔中、兰州—西宁、宁夏沿黄等 17 个城镇化地区，分析高速公路对城镇化的支撑引领作用，探求城镇化地区核心城市、节点城市、小城镇间的运输联系。总体包含三部分：一是研究高速公路与城镇化发展的互动关系，分析东部、中部、西部、东北部等不同城市化发展形态下，高速公路运行的不同特点；二是分析全国城镇化地区[①]高速公路运行的共性特点和特殊城镇化地区的差异化特点；三是分析京津冀、珠三角等典型城镇化地区的高速公路运行特点。

专栏

城镇化地区综合交通网规划（2015 年 11 月）

规划范围：京津冀、长江三角洲、珠江三角洲、长江中游、成渝、海峡西岸、山东半岛、哈长、辽中南、中原、东陇海、关中—天水、北部湾、太原、滇中、黔中、呼包鄂榆、兰州—西宁、天山北坡、宁夏沿黄、藏中南等 21 个城镇化地区，涵盖 215 个城市。依托国家综合运输大通道，重点加强城镇化地区内部综合交通网络建设，构建层次清晰、功能互补、互联互通的快速和普速交通网。预计到 2020 年，京津冀、长江三角洲、珠江三角洲三大城市群将基本建成城际交通网络，相邻核心城市间、核心城市与周边节点城市间实现 1 小时通达，大部分核心城市间、核心城市与周边节点城市间实现 1~2 小时通达。

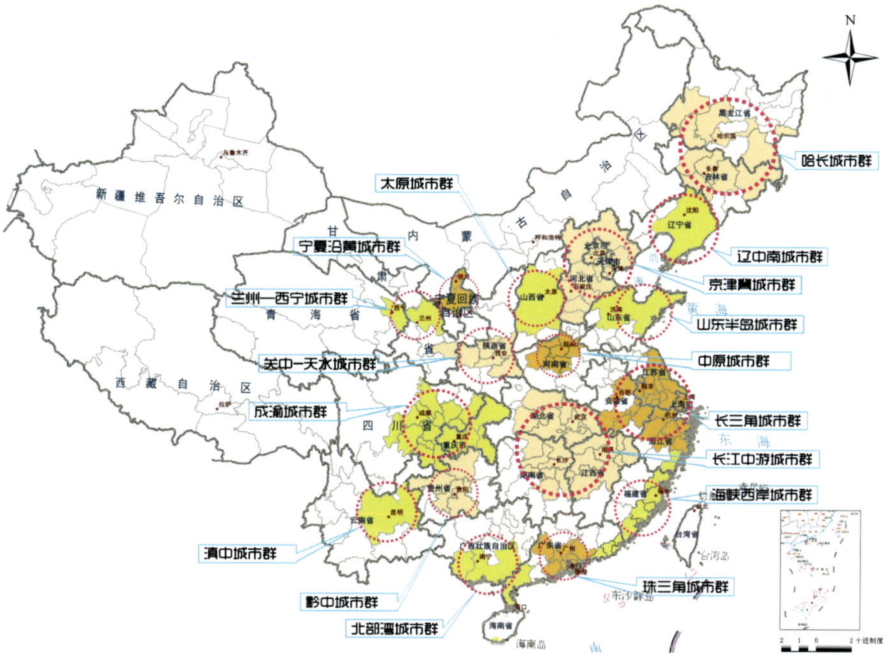

图 3–1　17 个城镇化地区空间分布

① 全国城镇化地区指京津冀、长江三角洲、珠江三角洲、长江中游、成渝、海峡西岸、山东半岛、哈长、辽中南、中原、关中—天水、北部湾、太原、滇中、黔中、兰州—西宁、宁夏沿黄等 17 个城镇化地区；数据不含北京数据，且高速公路货运量、货物周转量数据不含上海数据，下同。

一、高速公路与城镇化发展

1. 高速公路支撑东部城镇化地区率先发展，典型城镇化地区形成带状运输走廊

东部城镇化地区是经济社会最发达、经济效益最高、吸纳外来人口最多的地区，呈连绵发展态势。京津冀、长三角、珠三角、山东半岛、海峡西岸等构成的东部城镇化地区集外贸门户、现代工业、商业金融等职能于一体，[①] 人均GDP超过7.7万元，是全国平均水平的1.47倍，具有发展国际联系的最佳区位优势，是产生新技术、新思想的“孵化器”，在国家、地区乃至世界经济发展中具有中枢的支配作用。东部城镇化地区人口、GDP分别占全国城镇化地区的47%和58%，承载了全国城镇化地区59%、56%和52%的高速公路车流量、货运量、货物周转量，高速公路车辆平均运距、单位GDP货物周转量均是全国城镇化地区的89%，人均高速公路车流强度是全国城镇化地区的1.3倍，运输需求旺盛，运输强度大，运输效率高。

空间上形成以京津冀、长三角、珠三角为核心的“三角形”布局结构。三大城镇化地区集中了北京、上海、广州、深圳等全国所有的全球性城市，以5%国土面积集聚了21%人口，创造了全国36%国内生产总值，承载了全国41%高速公路车流量、33%高速公路货运量、25%高速公路货物周转量，围绕空间结构形成带状运输走廊。

专栏　京津冀协同发展规划纲要（2015年4月）

定位：以首都为核心的世界级城市群、区域整体协同发展改革引领区、全国创新驱动经济增长新引擎、生态修复环境改善示范区。规划着力构建“一核、双城、三轴、四区、多节点”骨架，有序疏解北京非首都功能。到2020年，北京“大城市病”等突出问题将得到缓解，区域一体化交通网络基本形成，产业联动发展取得重大进展。

专栏　长江三角洲城市群发展规划（2016年6月）

定位：改革新高地、开放新尖兵，面向全球、辐射亚太、引领全国的世界级城市群。规划促进形成网络化空间格局，提升上海全球城市功能，促进南京、杭州等5个都市圈同城化发展和4条发展带聚合发展。到2020年，集约紧凑、疏密有致的空间格局基本形成，区域协同创新体系全面形成，城市群一体化发展的体制机制更加健全。

---

① 京津冀城市群数据不含北京数据；长三角城市群高速公路货运量、货物周转量数据不含上海数据；珠三角城市群指广州、深圳、佛山、东莞、中山、珠海、江门、肇庆、惠州9市，下同。

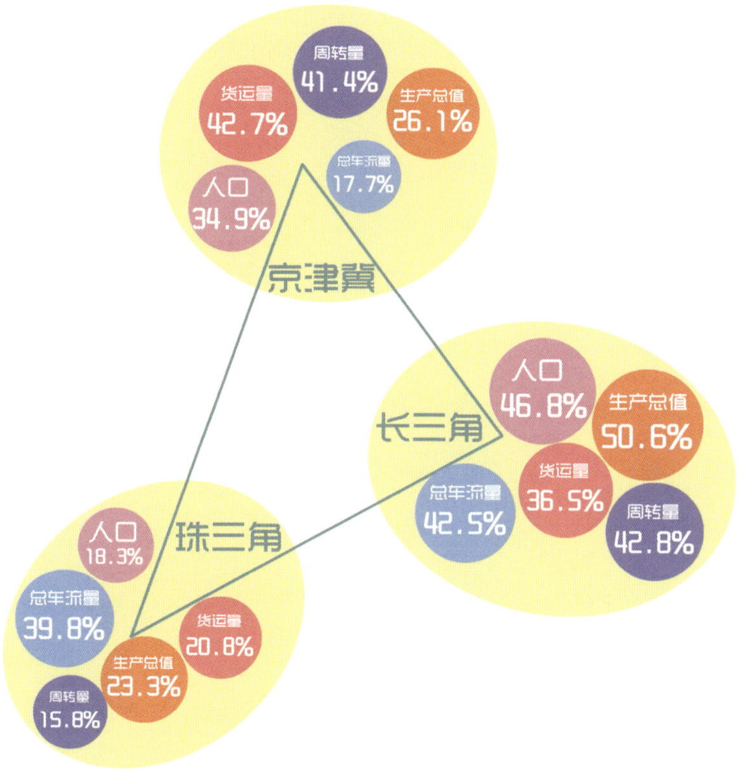

图 3–2　东部三大城市群主要经济指标

京津冀和长三角间以京沪高速、京台高速、沈海高速、长深高速为核心形成高强度、大运量的带状运输走廊。京津冀和长三角城市群高速公路车流总量占全国、全国城镇化地区的比例分别为 25% 和 30%，在北京、上海两大全球性城市带动和山东半岛城市群的支撑下，已经形成以京沪高速、京台高速、沈海高速和长深高速构成的带状运输走廊，运输走廊复合断面年均日交通量超过 4 万辆 / 日，其中京沪高速（北京—上海段）、京台高速（北京—合肥段）、沈海高速（山东—上海段）、长深高速（天津—杭州段）年均日交通量分别为 6.7 万辆 / 日、3.4 万辆 / 日、3.6 万辆 / 日和 2.7 万辆 / 日。山东半岛城市群处在两大城镇化地区之间，2016 年高速公路车流总量超过 3.1 亿辆，受京津冀、长江三角洲的双向辐射，纵向通道特征明显，并在青岛港、烟台港、威海港等腹地向西延伸的带动下，形成了横向的青银高速运输大通道，青岛至济南间的年均日交通量超过 4.5 万辆 / 日。

京津冀和珠三角间形成以京港澳高速为主轴的复合通道。京津冀和珠三角城市群高速公路货运总量占全国、城镇化地区的比例分别为 21% 和 27%，在北京、广州、深圳等 3 个全球性城市的带动下，形成以 G4（京港澳高速）为主轴、以 G45（大广高速）和 G3（京台高速）、G50（沪渝高速）、G60（沪昆高速）、G70（福银高速）等为辅轴的复合运输通道，但由于空间距离远，其间的中原城市群、长江中游城市群发育水平不高，高密度、大容量的带状运输走廊特点不突出。其中京港澳高速保定—石家庄段年均日交通量为 1.3 万辆 / 日，郑州—广州段年均日交通量为 5.9 万辆 / 日，不均衡特征显著。

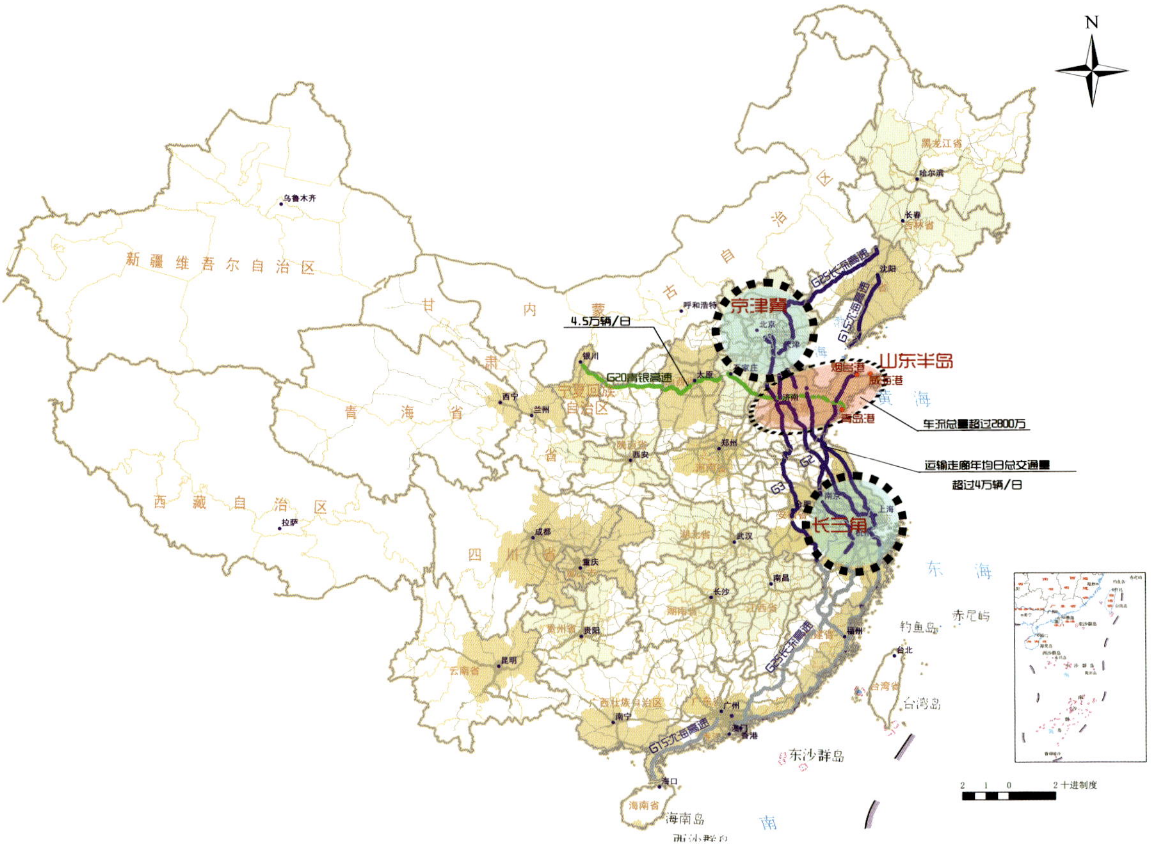

图 3-3　京津冀和长三角间运输走廊

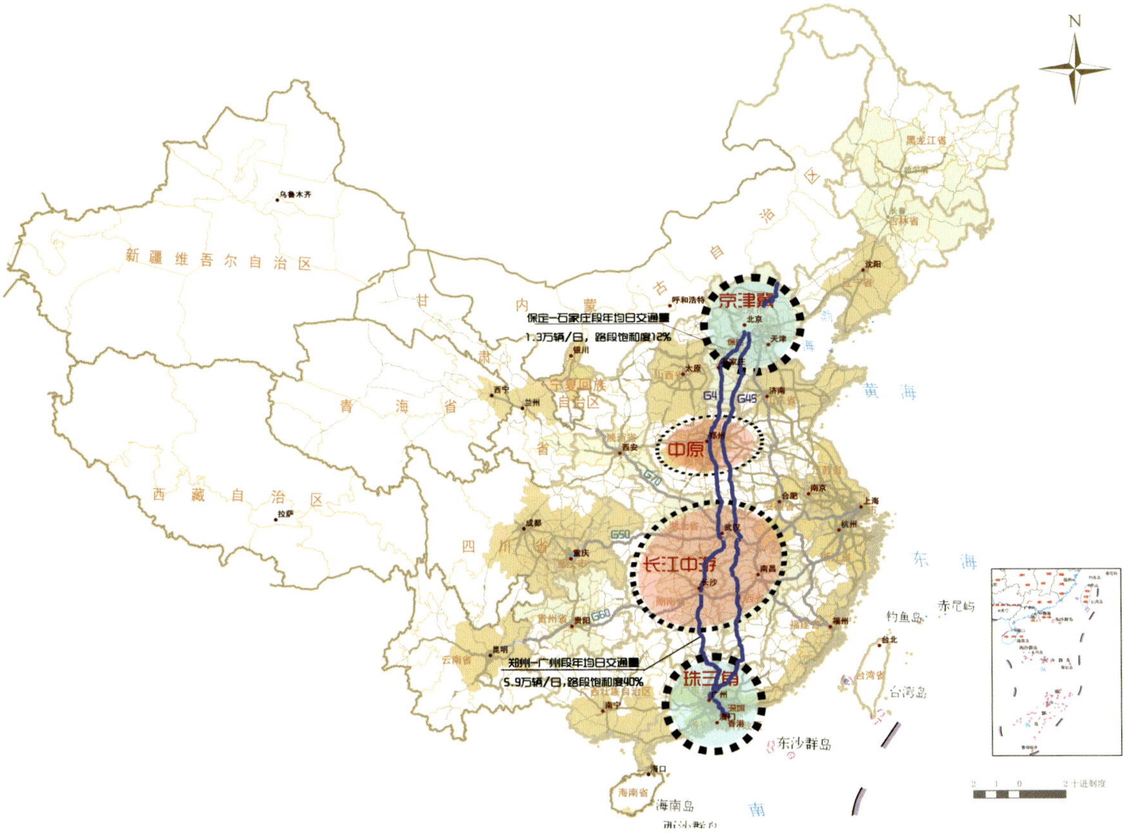

图 3-4　京津冀和珠三角间运输走廊

珠三角和长三角间以沈海高速、沪昆高速、济广高速为主体形成双运输通道。珠三角和长三角城市群高速公路车流总量占全国、城镇化地区的比例分别为 34% 和 41%，高速公路货运量占比为 22%。29%，空间联系上总体形成以 G15（沈海高速）、G60（沪昆高速）和 G35（济广高速）为基础的双通道格局。沈海高速公路（上海—深圳段）年均日交通量超过 4.7 万辆 / 日。处于珠三角和长三角之间的海峡西岸城镇化地区起步晚，仅以 G15（沈海高速）为主通道畅通与长三角、珠三角城镇群的交通联系，海峡西岸城镇化地区高速公路车流量、货运量分别占全国的 4% 和 3%。

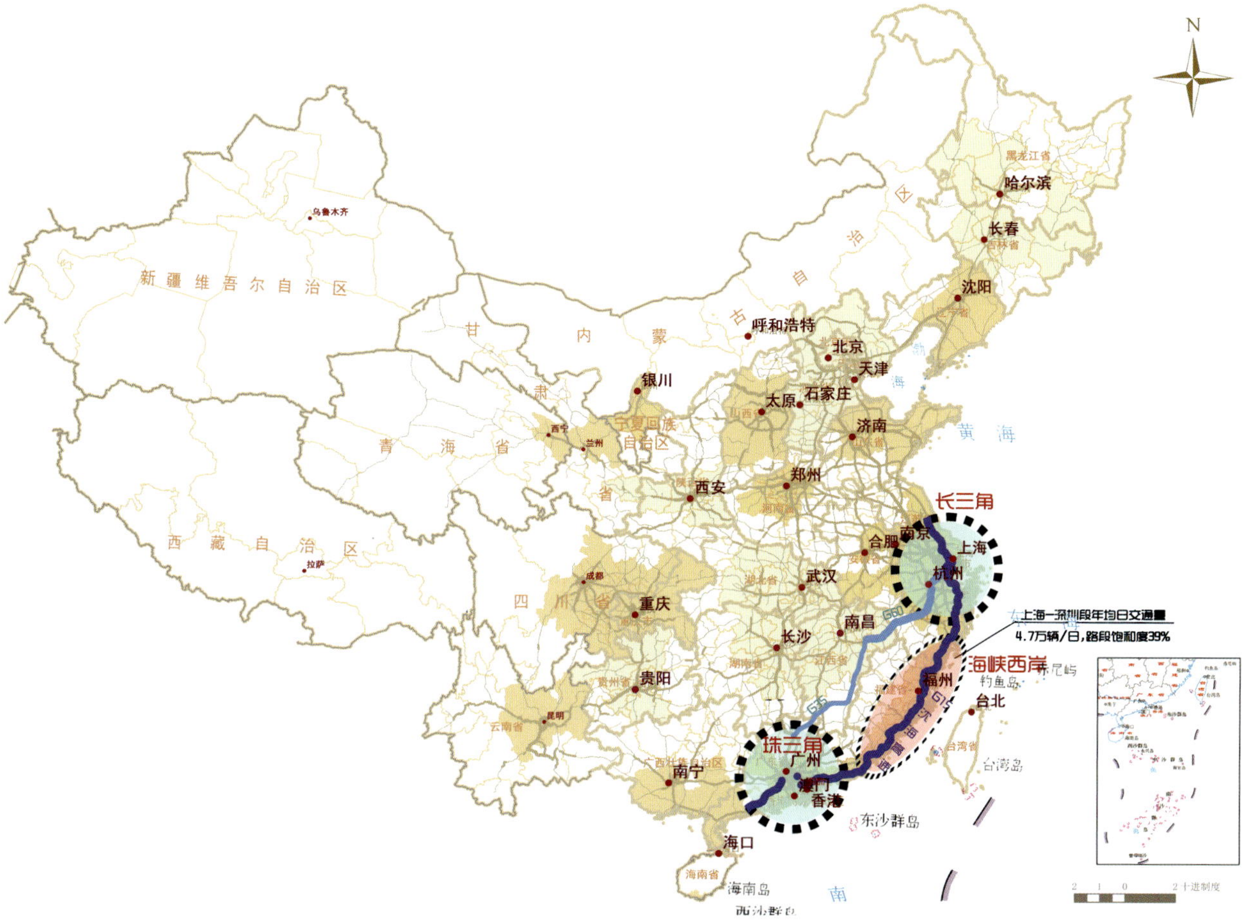

图 3-5　珠三角和长三角间运输通道

2. 高速公路支撑中部城镇化地区逐步崛起，跨区域运输通道特征显著

中部城镇化地区是我国承东启西、南北交汇的重要枢纽地区，初步形成城镇化发展密集区。中原、长江中游、太原等城市群，地势平坦、自然资源丰富、人口和城镇稠密，具有较大的市场空间、巨大的增长潜力。中部城镇化地区城市数量占全国城镇化地区的 23%，人口、GDP 均占全国的 14%，人均 GDP 约 5 万元，与全国平均水平基本一致，承载了全国城镇化地区 13%、19% 和 20% 的高速公路车流量、货运量、货物周转量，高速公路车辆平均运距高于全国城镇化地区 29%，单位 GDP 货物周转量是全国城镇化地区的 1.23 倍，人均高速公路车流强度是全国城镇化地区的 63%，运输距离长，二产占比高，重型车比重大。

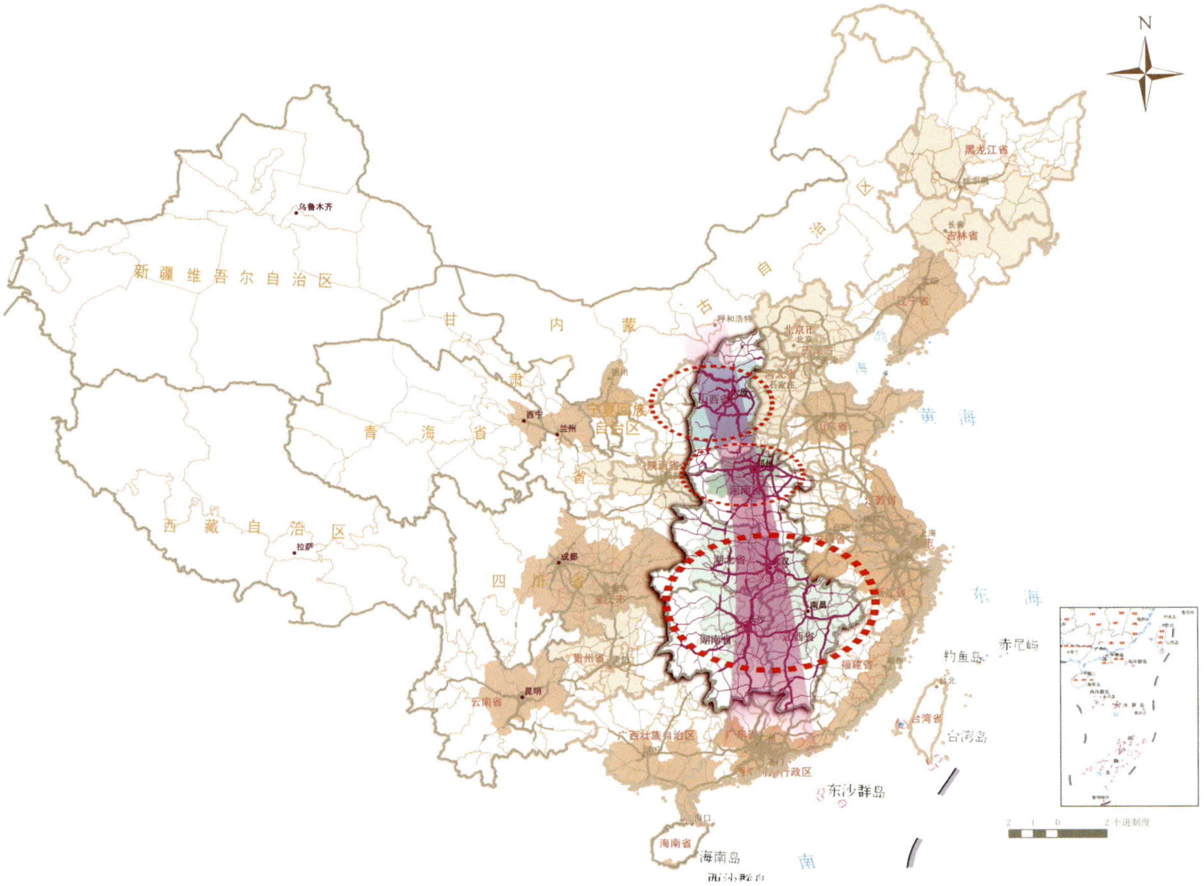

图 3-6　中部城镇化地区空间分布

中部城镇化地区围绕京港澳高速、大广高速、二广高速等纵向通道呈“串珠”型空间分布。在强化内部联系的基础上，中部城镇化地区总体形成与其他城镇化地区紧密联系的跨区域、高流量大通道。

专栏

中原城市群发展规划（2016 年 12 月）

定位：经济发展新增长极、中西部地区创新创业先行区、内陆地区双向开放新高地和具有较强竞争力和影响力的国家级城市群。规划构建“一核四轴四区”的网络化空间格局，推进郑州大都市区建设，依托“米”字形综合交通网络，形成以郑州为中心的半小时、1 小时和 1.5 小时交通圈。到 2020 年，中原城市群整体经济实力明显增强，布局合理、功能完善、大中小城市和小城镇协调发展的现代城镇体系基本形成。

专栏

长江中游城市群发展规划（2015 年 4 月）

定位：我国经济新增长极、中西部新型城镇化先行区、内陆开放合作示范区和“两型”

社会建设引领区。规划着力发挥中心城市的辐射带动作用，推动城市组团融合发展，形成多中心网络化发展格局，强化武汉、长沙、南昌的中心城市地位。2020 年，整体经济实力明显增强，转变经济发展方式取得实质性进展，城镇体系更加完善，中心城市辐射带动能力明显增强，城乡统筹发展和城乡一体化发展格局基本形成。

内部环状、外部“井”字形高速公路通道推动长江中游城市群内畅外联。作为实施促进中部地区崛起战略、全方位深化改革开放和推进新型城镇化的重点区域，长江中游城市群高速公路车流量、货运量、货物周转量分别占中部城镇化地区的 60%、50% 和 67%，内部围绕武汉、长沙、南昌等核心城市形成以 G55（二广高速）、G42（沪蓉高速）、G50（沪渝高速）、G70（福银高速）、G60（沪昆高速）通道为骨架的环状运输格局，并以 G55（二广高速）、G4（京港澳高速）、G42（沪蓉高速）、G60（沪昆高速）形成准“井”字形运输格局，强化与中原城市群、长三角城市群、珠三角城市群、黔中城市群的运输联系。其中京港澳高速公路（武汉—长沙段）年均日交通量为 5 万辆 / 日。

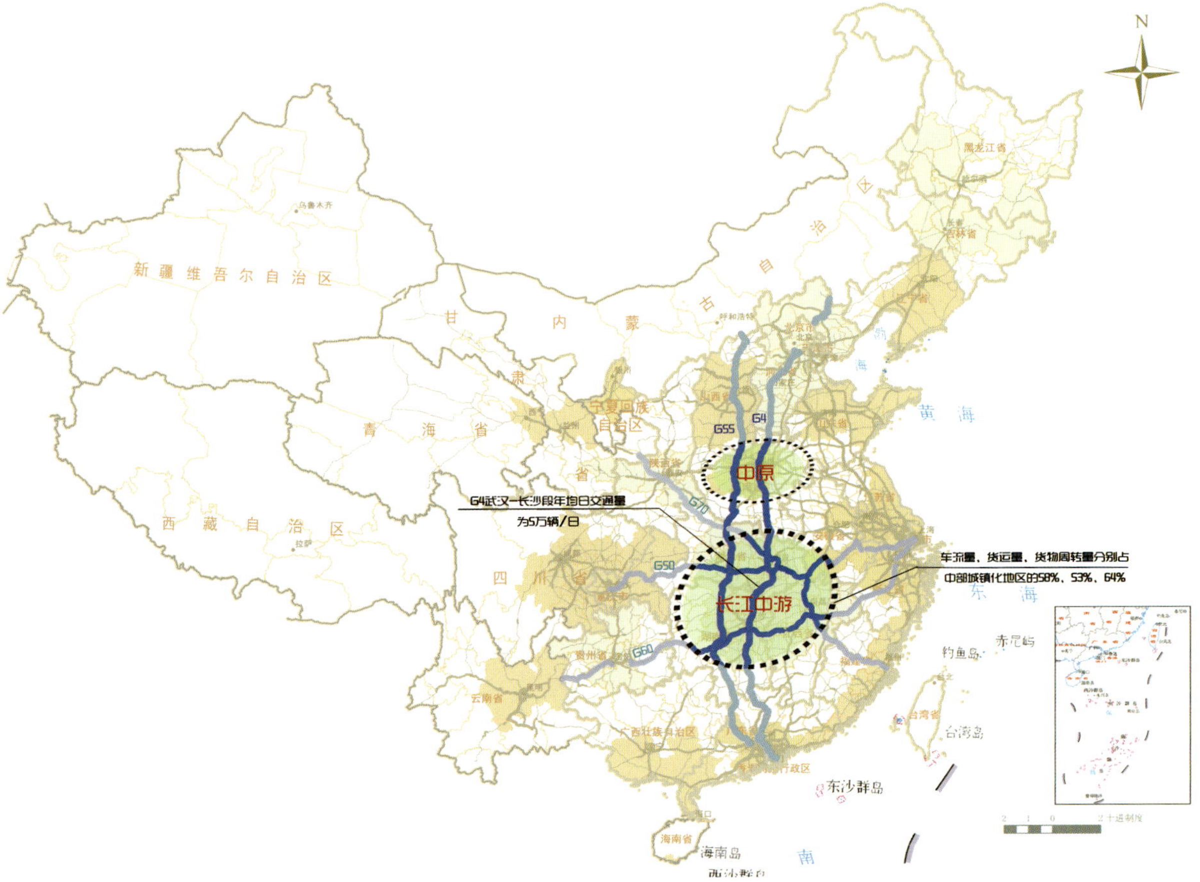

图 3-7　长江中游城市群重点通道空间分布

横纵高速公路通道推动中原城市群双向开放，强化与周边城市群的产业对接和交通联系。中原城市群作为中原经济区的核心，工业化进程较快、交通区位优势突出，人口密度是全国平均水平的 5 倍，高速公路车流量、货运量、货物周转量分别占中部城镇化地区的 27%、23% 和 12%，在强化以郑州为中心辐射洛阳、开封、许昌、新乡、焦作、平顶山、漯河、济源等城市的基础上，向外形成纵向以 G4（京港澳高速）、横向以 G30（连霍高速）为主通道与京津冀、长三角、长江中游、关中天水等周边城市群联系的格局，其中城市群内连霍高速（郑州至洛阳）年均日交通量超过 5.2 万辆 / 日，沿线收费站货车占比超过 48%。突破国家高速公路承担主通道职能的感官局限，中原城市群东北方向的 S83（兰南高速）等地方高速公路成为与山东联系的主通道，高速公路车流量大，其中许昌—兰考段年均日交通量超过 2.7 万辆 / 日。

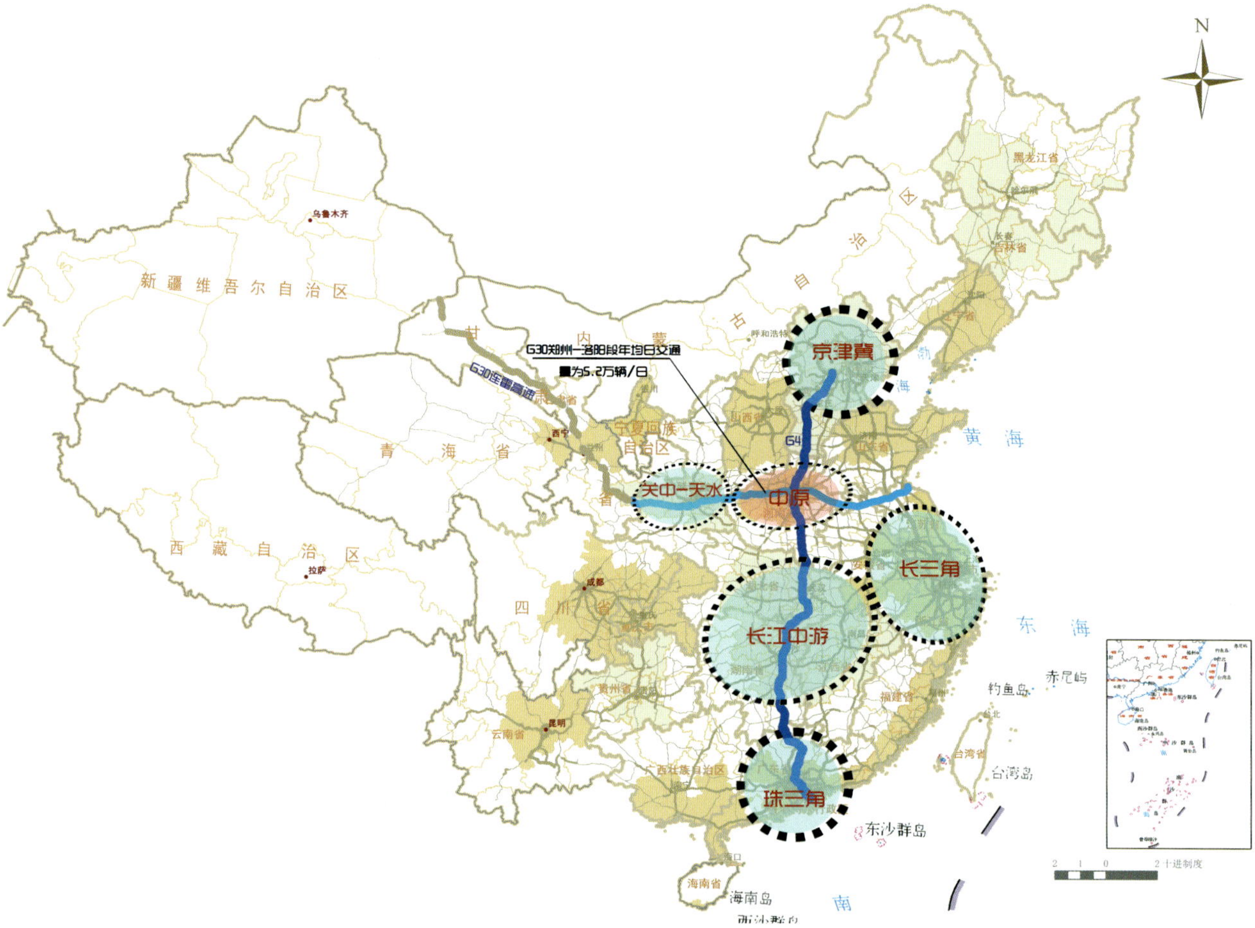

图 3-8　中原城市群重点通道空间分布

“丰”字形运输通道强化太原城市群内部交通联系和协调发展，并承担煤炭外运职能。太原城镇化地区是全国重要的能源、原材料、煤化工、装备制造业和文化旅游业基地，人口约 2000 万人，人均 GDP 是全国的 3/4，承担了中部城镇化地区 13%、27% 和 21% 的高速公路车流量、货运量、货物周转量。区域内以青银高速、二广高速、五保高速、东吕高速为核心形成“丰”字形运输通道，强化以太原为核心的城市群内部交通联系，并承担煤炭外运职能。其中五保、东吕高速等具有资源运输通道特征的高速公路车流量较大，分别为 4.4 万辆 / 日和 3 万辆 / 日，并呈现快速上升的特点。

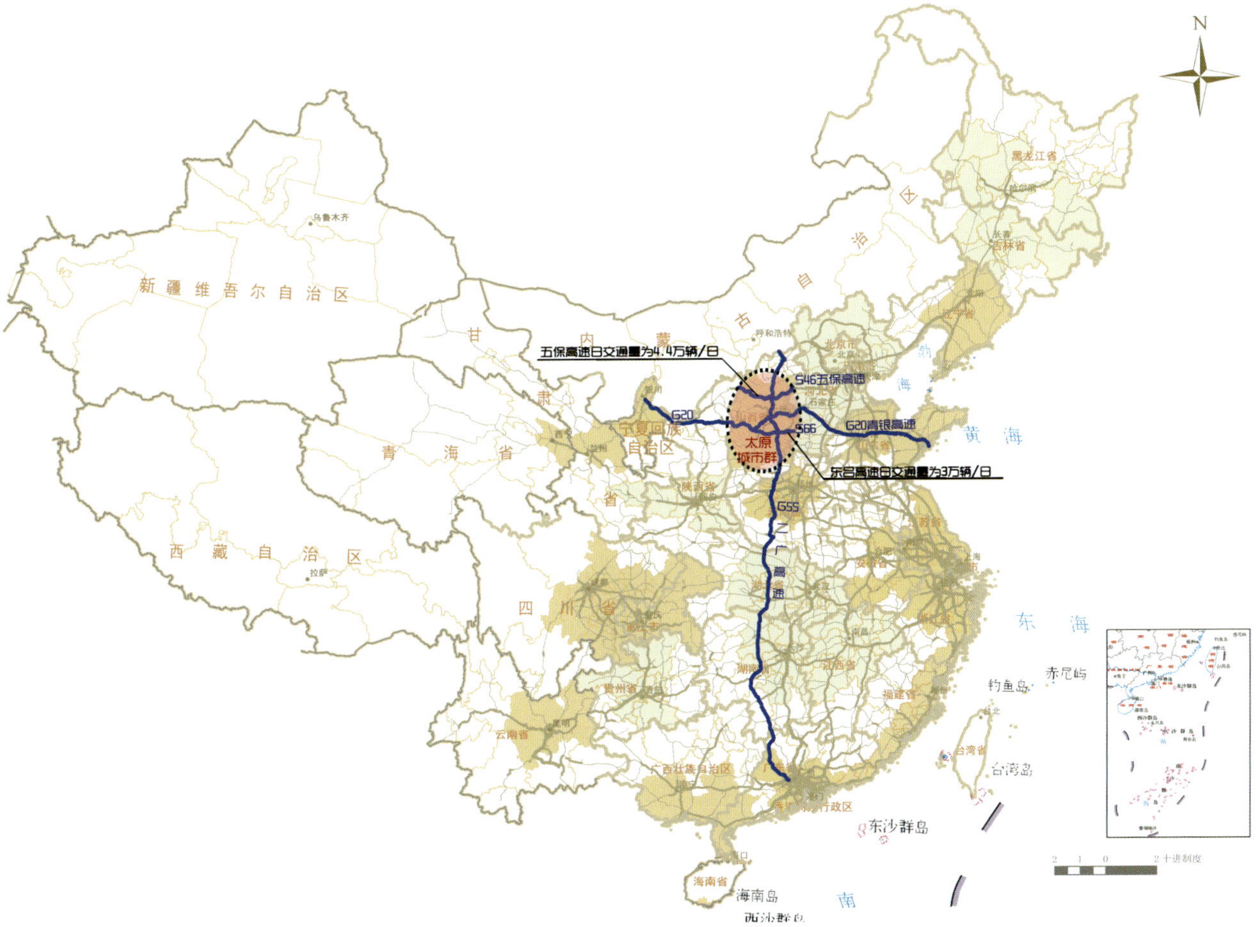

图 3-9　太原城市群运输通道空间分布

3. 高速公路支撑西部城镇化地区加快开发，在区域内运输发挥更重要的作用，但跨区域、长距离通道运行效率不高

西部城镇化地区是“西部大开发”的战略核心，呈点轴发展态势。成渝、黔中、滇中、北部湾、关中—天水、兰州—西宁、宁夏炎黄等西部城镇化地区，是支撑“一带一路”战略实施的重要载体，人口、GDP 占全国城镇化地区的 24% 和 16%。西部城镇化地区经济发展水平相对较低，人均 GDP 不足 4.3 万元，分别是全国、城镇化地区平均水平的 87% 和 69%，正处在城镇化加快追赶、加快发展阶段。西部城镇化地区承载了全国城镇化地区的 24%、20% 和 21% 的高速公路车流量、货运量、货物周转量，单位 GDP 货物周转量、人均高速公路车流强度分别是全国城镇化地区的 1.23 倍和 1.02 倍。自然条件、交通区位、产业结构的迥异，造成西部城镇化地区内部运输需求、运输强度差异大，总体上围绕各区域的核心城市强化城镇化地区的内部交通联系，以点轴为核心呈块状分布，但跨城镇化地区、大运量、高密度的运输通道特征不明显，支撑“一带一路”、长江经济带的通道运行仍有较大的发展空间。

专栏　成渝城市群发展规划（2016 年 4 月）

定位：立足西南、辐射西北、面向欧亚，高水平建设现代产业体系，高品质建设人居环境，高层次扩大对内对外开放，培育引领西部开发开放的国家级城市群，强化对“一带一路”建设、长江经济带发展、西部大开发等国家战略的支撑作用。规划着力构建“一轴两带、双核三区”空间发展格局，打造成渝发展主轴，培育沿江城市带，优化成德绵乐城市带，提升重庆、成都核心功能，培育川南、南遂广、达万城镇密集区。到 2020 年，基本建成经济充满活力、生活品质优良、生态环境优美的国家级城市群。

专栏　北部湾城市群发展规划（2017 年 2 月）

定位：发挥地缘优势，挖掘区域特质，建设面向东盟、服务“三南”（西南、中南、华南），宜居宜业的蓝色海湾城市群。着力打造“一湾双轴、一核两极”城市群框架，加快建设南宁特大城市和区域性国际城市，构建北部湾城市群陆海统筹的主体功能格局。到 2020 年，基本建成生态环境优美、经济充满活力、生活品质优良的蓝色海湾城市群框架，城镇体系和基础设施支撑体系初步健全。

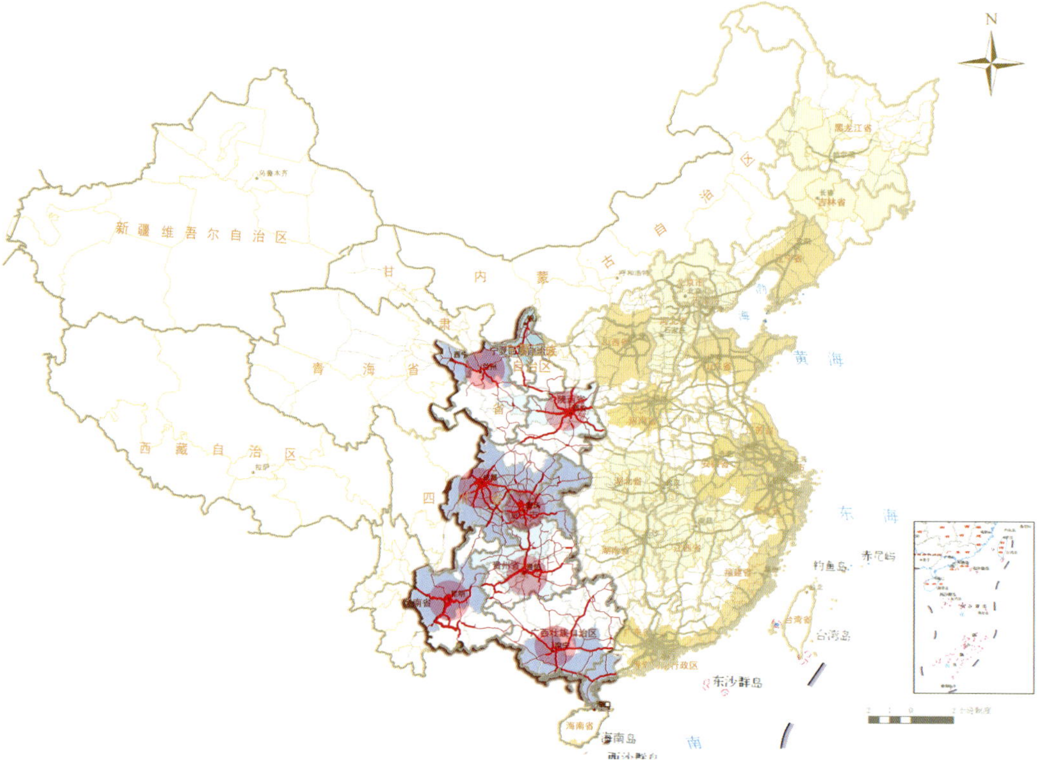

图 3-10　西部城镇化地区空间分布

沪蓉高速、包茂高速、兰海高速、厦蓉高速等重点高速公路通道推动成渝城市群融合发展。成渝城市群作为西部大开发的重要平台、长江经济带的战略支撑、国家推进新型城镇化的重要示范区，以全国近 2% 的地域面积，承载了 7% 的人口、6% 的地区生产总值，承担的高速公路车流量、货运量、货物周转量分别占西部城镇化地区的 43%、33%、31%。空间上，成渝城市群以 G76（厦蓉高速）、G65（包茂高速）、G75（兰海高速）、G42（沪蓉高速）为主通道强化成都、重庆等核心对区域内城市的运输联系、经济协作，其中包茂高速（重庆—怀化）年均日交通量超过 1.6 万辆 / 日，但连接长江中游城市群的沪蓉高速和沪渝高速、连接滇中城市群的 G5（京昆高速）、G85（渝昆高速）交通量不高，沪蓉高速（广安—武汉段）、沪渝高速（重庆—恩施段）、京昆高速（昆明—楚雄段）、渝昆高速（宜宾—昆明段）年均日交通量均不足 1.1 万辆 / 日。

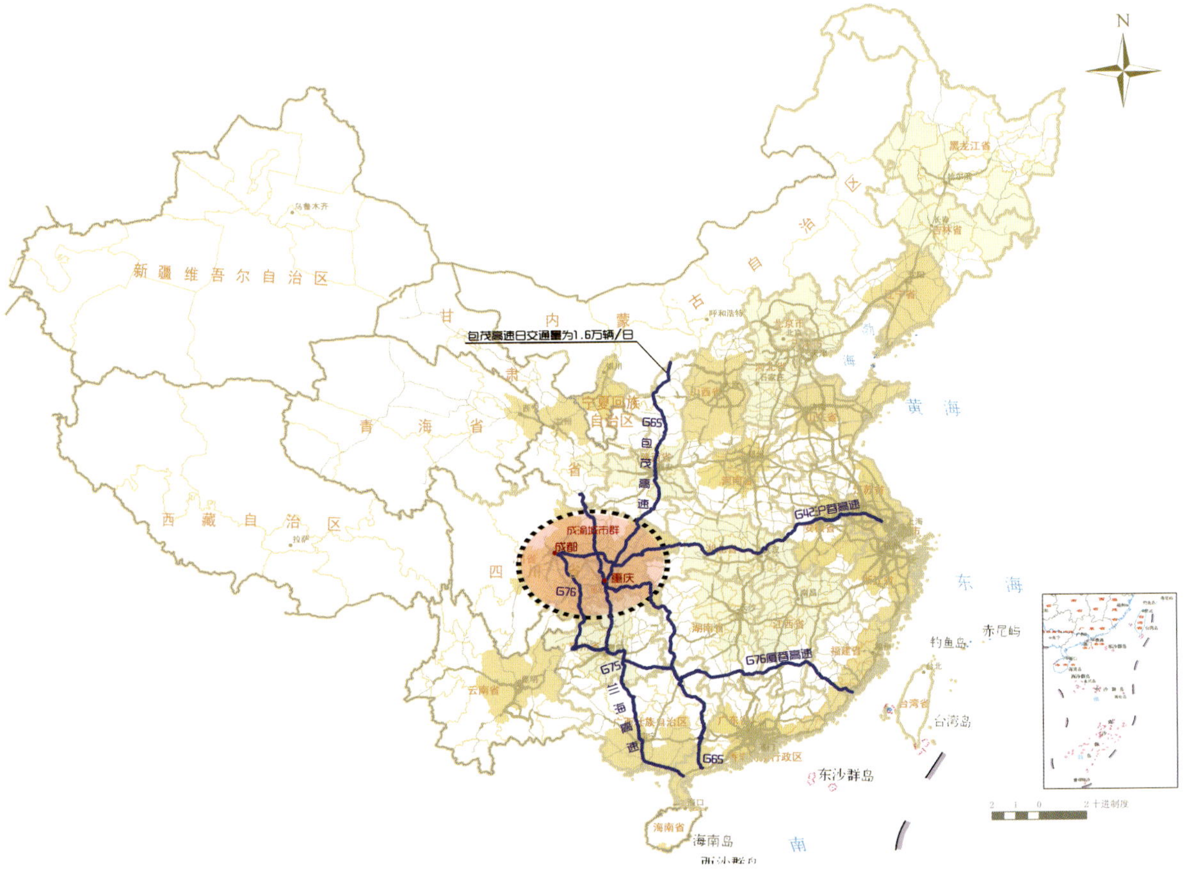

图 3–11　成渝城市群重点通道空间分布

连霍高速、沪陕高速、福银高速等通道推动关中—天水城镇化地区向东发展，内部运输联系仍待强化。关中—天水城镇化地区作为陕西及辐射区域经济的核心区，已成为我国西部地区重要的高新技术产业开发带和星火科技产业带，承载的高速公路车流量、货运量、货物周转量分别占西部城镇化地区的 15%、20% 和 22%。利用较好的基础和优越的区位条件，关中—天水城镇化地区已经形成以西安为核心，以 G30（连霍高速）、G40（沪陕高速）、G5（京昆高速）、G70（福银高速）、G65（包茂高速）为主通道强化区域内部各城市交通联系的格局，并向东以连霍高速为主通道构建了与中原城市群的紧密交通联系和经济协作，连霍高速（郑州—西安段）年均日交通量超过 5.3 万辆 / 日。

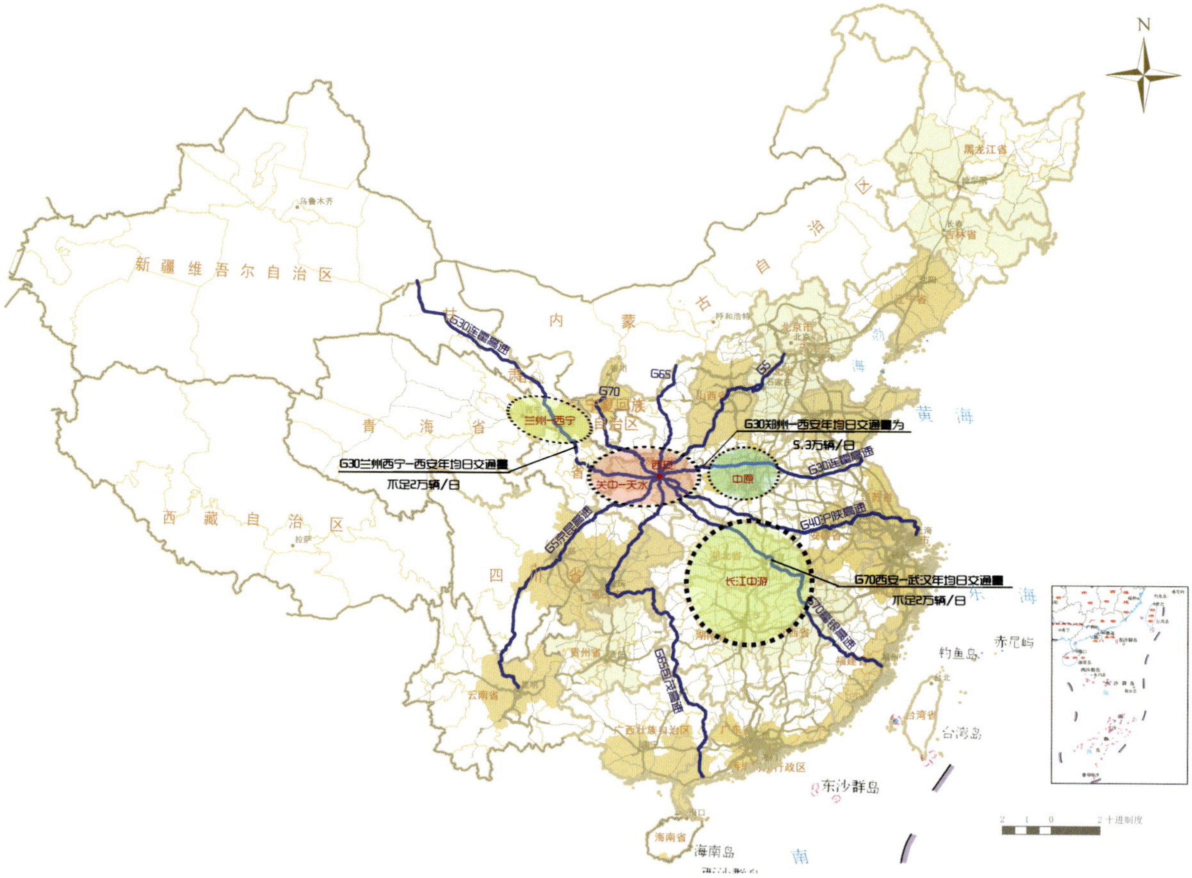

图 3-12 关中—天水城市群重点通道空间分布

杭瑞高速、沪昆高速、福银高速等通道推动滇中、黔中城市群围绕省会城市点轴发展。滇中、黔中城市群是西南地区重要的陆路交通枢纽和面向南亚、东南亚辐射中心的核心区域，分别以昆明、贵阳为核心形成典型的区域内放射通道格局。其中滇中城市群以 G56（杭瑞高速）、G8511（昆磨高速）构成的放射型通道强化昆明对周边城市的交通联系，昆磨高速（昆明—玉溪段）年均日交通量超过 7.1 万辆 / 日。黔中城市群以 G60（沪昆高速）、G75（兰海高速）为主通道强化省会贵阳对周边城市的交通辐射和带动，其中与长江中游城镇化地区联系的沪昆高速（昆明—南昌段）年均日交通量近 3 万辆 / 日。

兰州—西宁、宁夏炎黄城镇化地区尚处于发展的初级阶段，区域内的交通联系仍以带状单通道或小规模放射状通道格局为主。兰州—西宁、宁夏炎黄城镇化地区高速公路车流量分别占西部城镇化地区的 5% 和 3%，与其他地区的交通联系较弱，其中兰州—西宁与宁夏炎黄的区间联系通道京藏高速（白银—中卫段）年均日交通量 1.6 万辆 / 日。

总体上看，西部城镇化地区以省会城市、直辖市为“单中心”或“双中心”点轴化发展，高强度、高密度的高速公路运输通道重点集中在城镇化内部地区，受经济联系和运输需求的影响，跨省、城镇化地区间的高速公路通道交通量不高，如昆磨高速（普洱段）年均日交通量 1.5 万辆 / 日、厦蓉高速（贵阳—龙岩段）年均日交通量不足 1 万辆 / 日，跨区域运输需求亟待培育，交通对促进经济协调发展、支撑“一带一路”等重大战略实施的先行引领作用仍待加强。

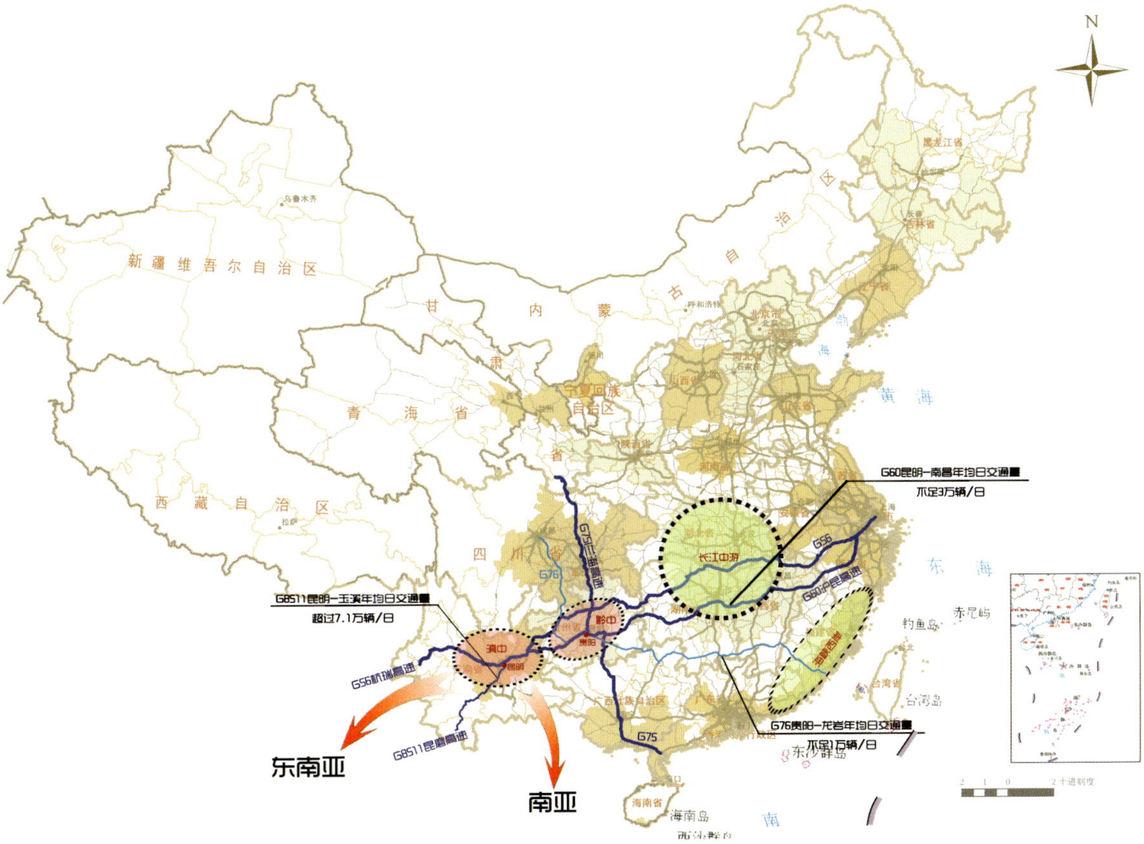

图 3–13　滇中、黔中城镇化地区重点通道空间分布

图 3–14　兰州—西宁、宁夏炎黄城镇化地区重点通道空间分布

4. 高速公路支撑东北城镇化地区振兴，纵向带状通道特征显著，横向通道运行效率低

辽中南、哈长等东北城镇化地区是我国重要的重化工业基地，大城市集中，城镇化水平高。东北城镇化地区人均 GDP 是全国平均水平的 1.2 倍，与全国城镇化地区基本持平，已经形成了以钢铁、机械、石油、化工和煤炭等重工业为主导的产业体系，是我国东北地区对外开放的重要门户。东北城镇化地区以全国城镇化地区 9% 的人口、GDP，分别承载了 4%、5% 和 7% 的高速公路车流量、货运量、货物周转量，高速公路车辆平均运距高于全国城镇化地区 36%，单位 GDP 货物周转量是全国城镇化地区的 77%，人均高速公路车流量是全国城镇化地区的 44%，运输距离长，运输需求相对较低，重型车比重高。

专栏

哈长城市群发展规划（2016 年 3 月）

定位：东北老工业基地振兴发展重要增长极，北方开放重要门户，老工业基地体制机制创新先行区，绿色生态城市群。规划着力强化哈尔滨、长春两市的核心带动作用，建设哈长发展主轴和哈大（庆）齐（齐哈尔）牡（丹江）、长吉（林）图（们江）发展带，构建“双核一轴两带”的城市群空间格局。到 2020 年，城市群整体经济实力明显增强，功能完备、布局合理的城镇体系基本形成，城乡区域协调发展格局基本形成。到 2030 年，城市群城镇体系更加完善，发展为东北亚区域具有核心竞争力和重要影响力的城市群，带动区域经济发展和对外开放的新增长极。

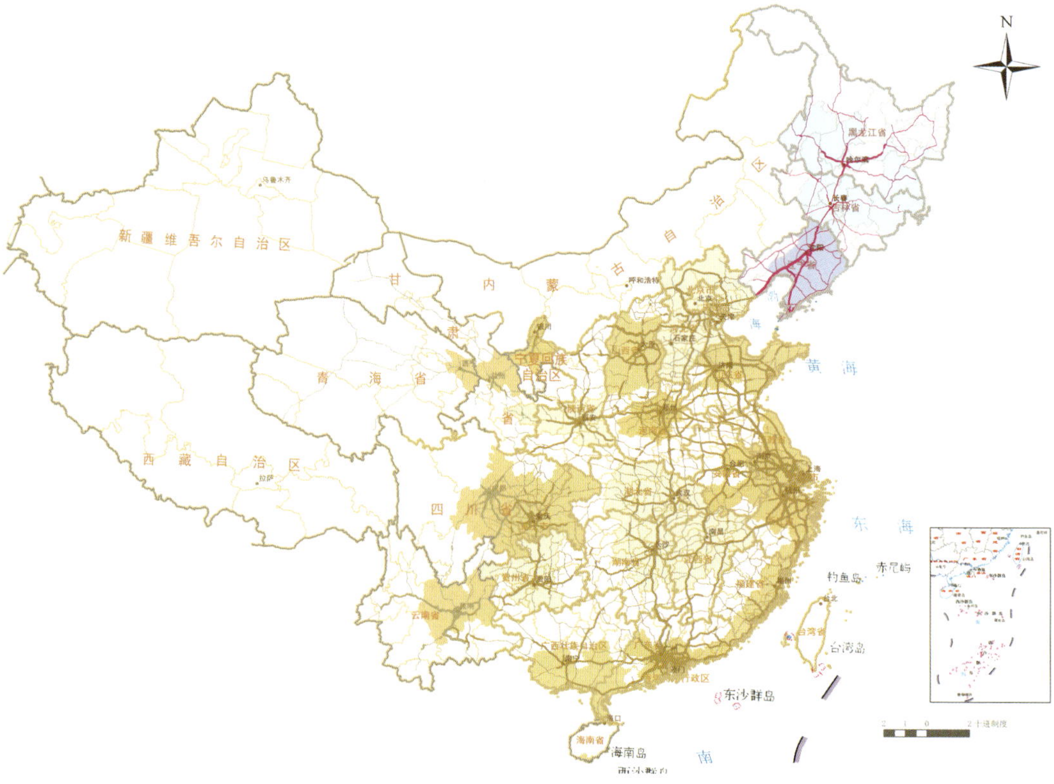

图 3-15　东北城镇化地区空间分布

城镇群内部交通联系弱，外输特征明显。产业结构的相似性，造成城镇化地区间及内部互动性弱，以大通道外输为主。其中哈长城市群以京哈高速为主通道强化外向运输联系，哈尔滨—长春段与长春—沈阳段年均日交通量分别为 2 万辆 / 日和 4 万辆 / 日，增速分别为 3.4% 和 5%。京哈高速哈尔滨—长春段沿线收费站货运车辆占比超过 60%，体现了运输结构与产业结构的一致性。但城市群内部横向交通需求不足，通道交通量不高，其中 G10 绥满高速（绥芬河—齐齐哈尔段）、G12 珲乌高速（珲春—松原段）年均日交通量分别为 0.9 万辆 / 日和 1.1 万辆 / 日。

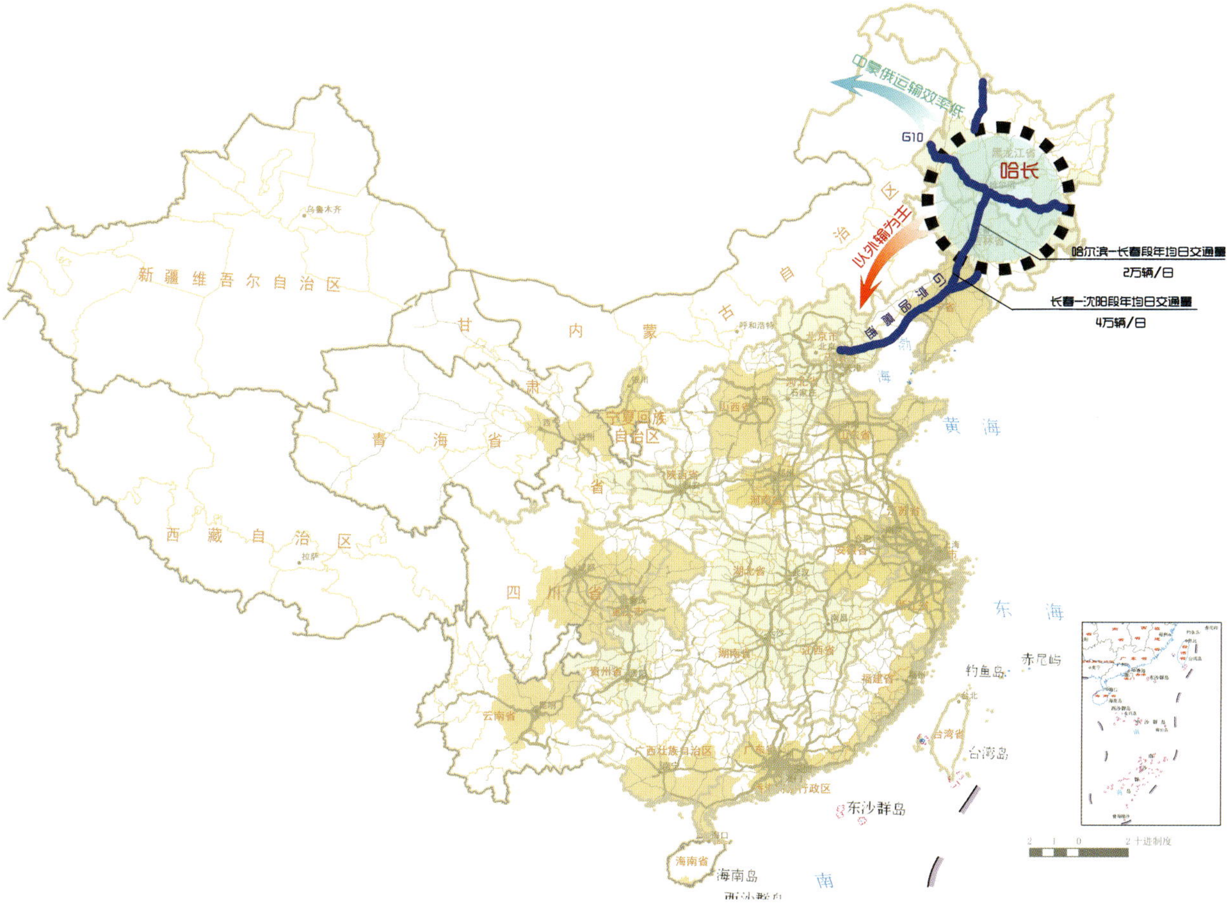

图 3-16　哈长城市群重点通道空间分布图

辽中南城镇化地区圈层运输、港口协作、产业协作特征明显。辽中南城镇化地区在全国最大的综合重工业基地沈阳和东北亚地区重要国际航运中心大连的带动下，空间上形成以京哈高速、沈海高速为主通道的“Y”形布局，并在总体上形成以沈阳为核心，以鞍山、抚顺、本溪、辽宁为节点的圈层格局，沈阳—铁岭、沈阳—辽阳、沈阳—本溪、沈阳—抚顺、沈阳—鞍山的日均高速公路车流量均超过 9500 辆，其中辽阳 61%、抚顺 76% 的城际高速公路车流量通往沈阳，运输联系紧密。大连、营口间每日有 1.5 万辆车、4.7 万吨货物通过高速公路往来，分别占大连城际高速公路车流量和货运量的 2/5 和 1/3，区域运输协作和港口协作效果显著。营口、鞍山间的高速公路日均车流量超过 1.1 万辆，日均货运量超过 2.1 万吨，充分体现了港口向内陆腹地辐射及与两个城市间紧密的产业合作和经济联系。

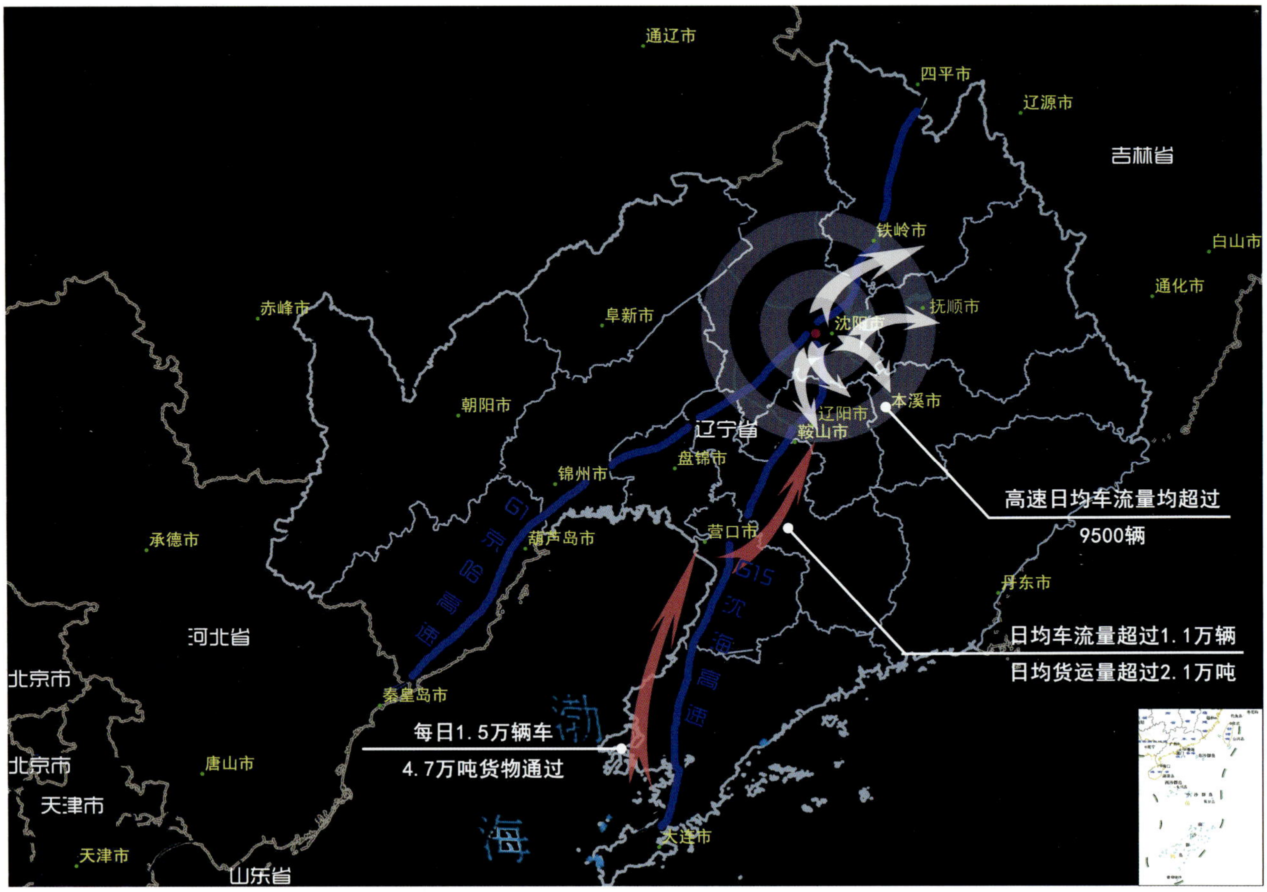

图 3-17　辽中南城市群重点通道空间分布

二、城镇化地区高速公路总体运行特点分析

目前，我国城镇化正处于以中心城市为龙头的区域组合城市和城市群的形成与发展阶段，初步形成以大城市为中心，中小城市为骨干、小城镇为基础的多层次的城镇体系，城镇空间分布呈现出“东密西疏”的特征。城镇化过程中的人口集聚、生活方式的变革、生活水平的提高，以及三次产业的联动、社会分工的细化，造成城镇化地区的运输需求特点更独特，区域内高速公路运输特点更鲜明。

1. 城镇化地区高速公路车流量与 GDP 占比基本保持一致，聚集能力强，运输强度高

城镇化地区不仅是就业和居住的密集区，也是支撑我国经济发展、参与国际竞争的核心区域，空间聚集效应明显。高速公路的快速发展加快了各城镇群内城市融合，拉近了城市间和城镇群间的物理连接，同时城镇化建设也进一步引导高速公路运输逐步形成区域聚合、带状分布的空间形态。数据显示，17 个城镇化地区（北京、海口、三亚除外），以全国 54% 的城市数量，承载了全国 66% 的人口和 83% 的地区生产总值，人均 GDP 是全国平均水平的 1.26 倍。与 GDP 占比相适应，17 个城镇化地区承载了全国 83% 的高速公路车流量，76% 的高速公路货运量和 66% 的高速公路货物周转量，其中高速公路客车流量占全国 85%，高速公路货车流量占全国 79%，客观地反映出城镇化地区产业聚集能力强、运输需求总量大、运输强度高、经济联系密切的显著特点。

专栏　城镇化地区运输需求特点

高强度：在主要城镇走廊、产业聚集带等城际通道上，客货运输需求总量大、强度高，尤其是在旅客运输领域更为突出，要求提供大运量、高密度、安全可靠的运输服务。

多样化：城镇化地区客运需求多样，工作日公务、商务、通勤客流多，休息和节假日旅游、休闲客流多，要求提供点对点的大站直达和广覆盖的站站停靠，以及舒适、准时、便捷的优质客运服务。

高频次：城镇化地区产业集群化发展趋势明显，消费方式变革加快，货运需求快速增长，并呈现出小批量、多批次的特点，要求提供更为灵活、精准、经济、专业的物流配送服务。

强时效：城镇化地区客货运输以中短距离为主，时效性强，需要更加高效、便捷的换乘换装，要求优化综合交通枢纽布局衔接和运输组织，最大程度减少旅客换乘次数与距离，提高货物集散换装效率。

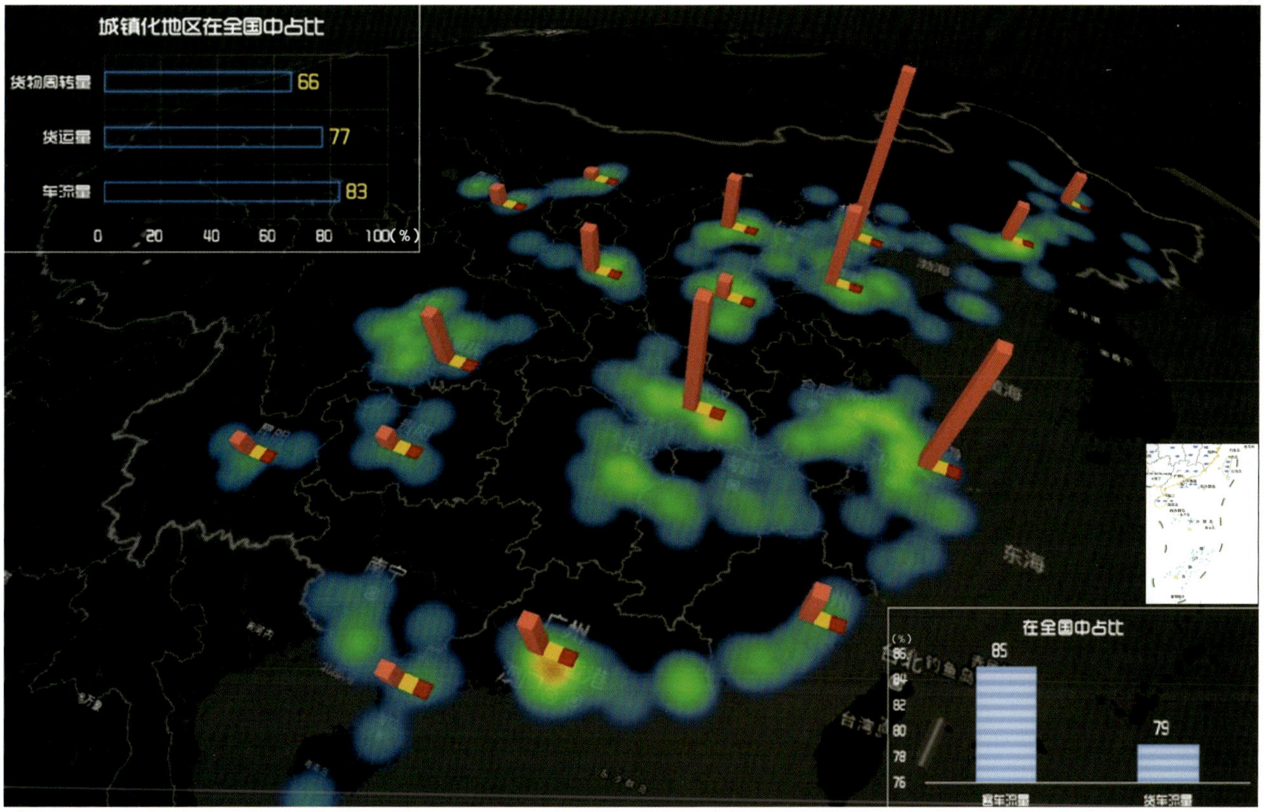

图 3-18　各城镇群高速公路货运量、车流量分布

2. 城镇化地区高速公路承担部分通勤运输和货物配送功能，运输时效性强，平均运输距离更短

随着区域经济一体化和城乡一体化发展，城镇化地区呈现连绵发展态势，人才交流、资源交流、

货物交流、信息交流更为频繁。特别是随着城市的不断扩大，高速公路也突破了跨省、跨市运输的主体服务功能，在城市通勤运输、短途货物配送中发挥更大作用。围绕省会城市周边的高速公路聚集效应非常明显，区域城镇群核心城市周边高速逐步发展成为城市交通外环。数据显示，城镇化地区高速公路车辆平均运距为全国平均水平的 90%，其中客车平均运距为全国平均水平的 91%，货车平均运距为全国平均水平的 89%，绕城高速、近城高速不仅成为通勤运输早晚高峰规避拥堵的选择路径之一，也成为高地价下外迁仓储与城市消费的连接纽带。城镇化地区内部，经济发展水平的差异造成平均运距的分化。其中太原、黔中、滇中等人均 GDP 不足 4 万元的城镇化地区，车辆平均运距在 80~100 公里区间波动；珠三角城镇化地区人均 GDP 超过 10 万元，高速公路车辆平均运距 35 公里，客观体现了高经济水平驱动下紧密的网状运输联系。

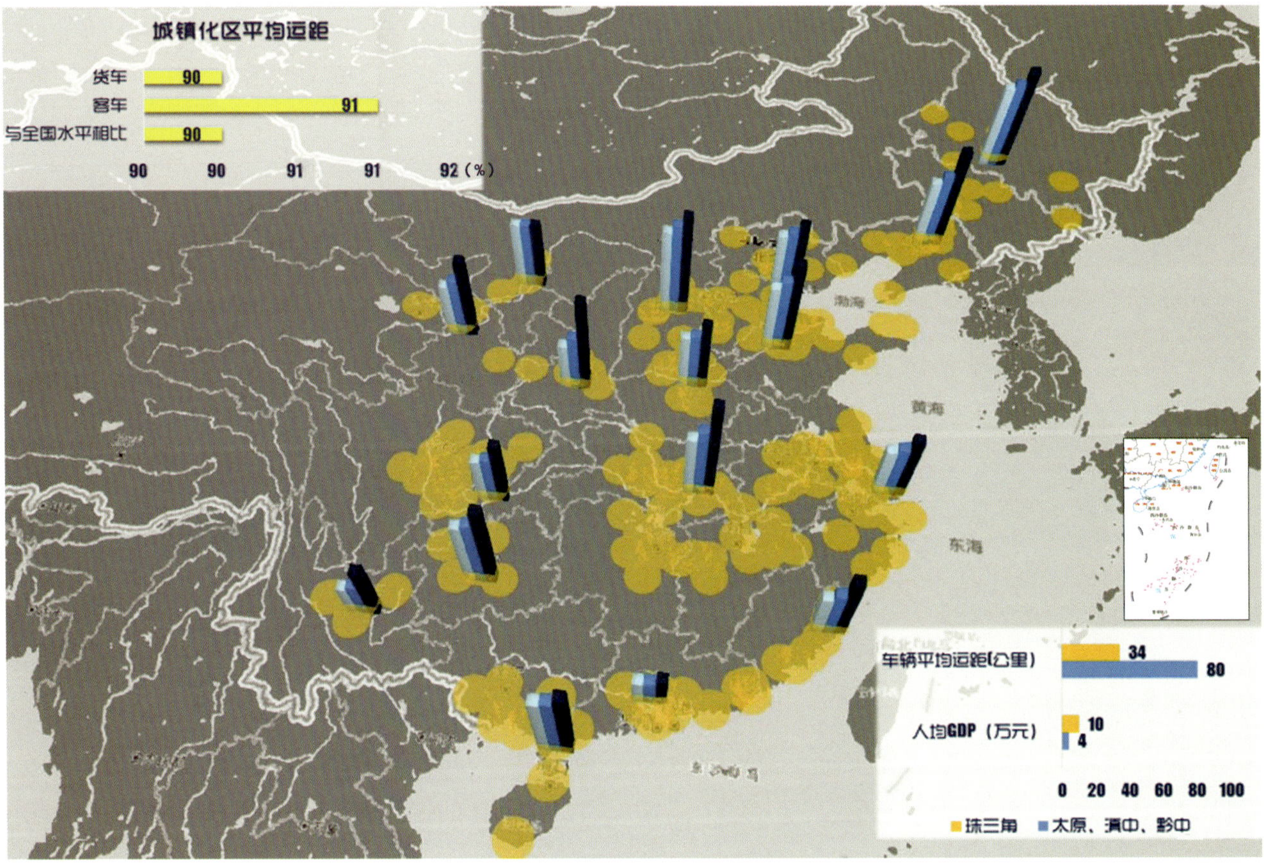

图 3-19　城镇群高速公路车辆运距

3. 城镇化地区运输需求多样化特征显著，高速公路运输呈明显的“双高”特性，人均运输强度高

城镇化快速发展对交通的直接效应是客运需求的快速增长。一方面，大区域范围内城市间分工协作加深，因此通勤、公务类、商务类刚性出行不断增长；另一方面，居民平均可支配收入的增加，促进城市居民的节假日旅游出行、休闲游出行明显增长，点对点的舒适、便捷、直达运输需求更为旺盛。数据显示，全国城镇化地区高速公路客车占总车流量的比例比全国平均水平高 1.3 个百分点；小客车流量占客车流量的比例为 94.5%，比全国平均水平高 0.2 个百分点，其中京津冀、中原、辽中南等城镇

化地区小客车占客车流量比例高达 97%，客观反映了城镇化地区集聚人口能力强、经济水平高的特点。城镇化地区人均 GDP 是全国平均水平的 1.26 倍，与此相适应，城镇化地区人均高速公路车流量比全国平均水平高 19%；人均行驶量是全国平均水平的 1.1 倍，人均运输强度高、行驶量大。

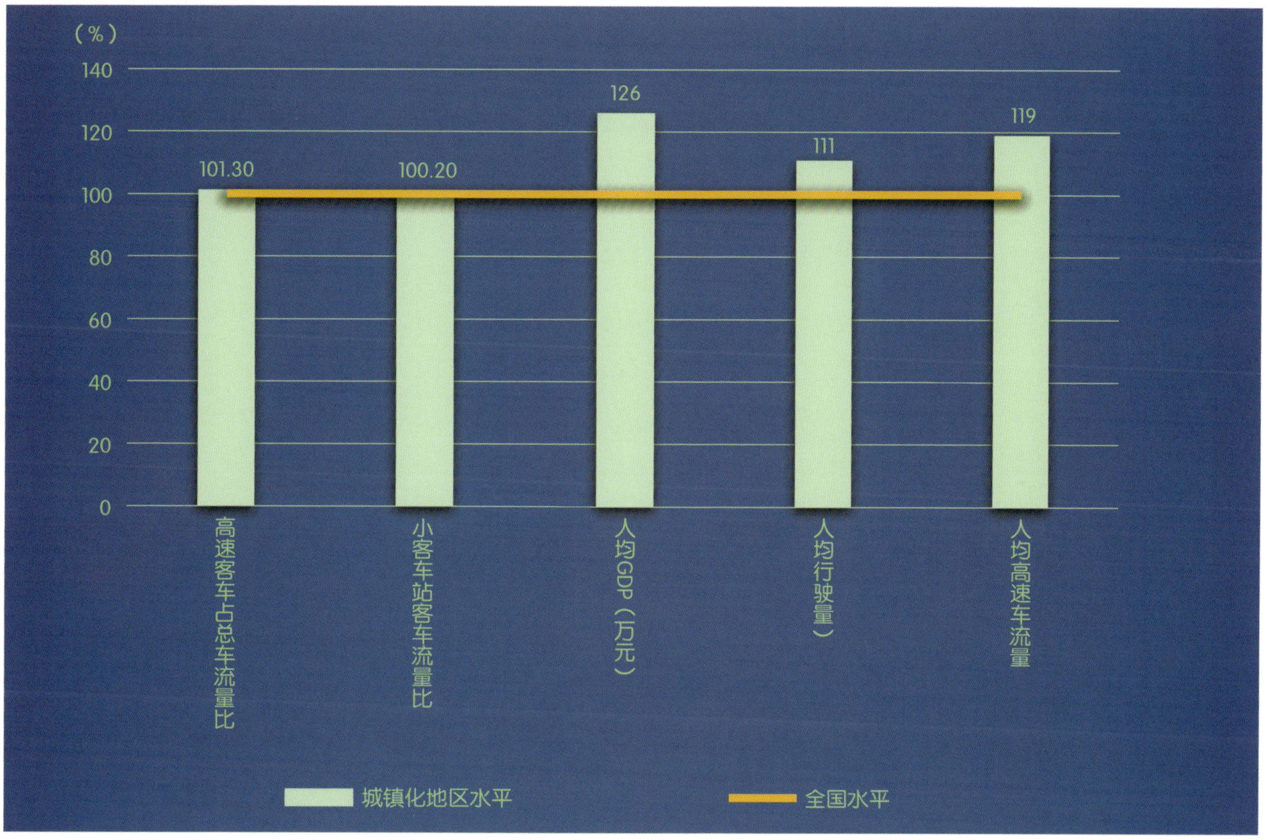

图 3-20 城镇化地区与全国平均水平对比

4. 城镇化地区高速公路货运高频特征显著，单位 GDP 货运强度低，轻型货车占比高

目前，我国城镇化地区万元 GDP 高速货运量是全国平均水平的 86%，万元 GDP 高速公路货物周转量是全国平均水平的 80%，客观反映经济增长已不是纯粹以资源消耗为代价，而是更加注重发展质量和效益。城镇化地区 2 轴、6 轴及以上货车占高速公路货车总量的比例为 52% 和 39%，比全国平均水平分别高 3 个和低 3 个百分点，客观反映了城镇化地区短距离运输轻型化和长距离运输集约化的二元结构特点，高速公路在物流区域分拨和城际配送中发挥了更重要作用。但在城镇化地区内部，由于资源禀赋、产业类型的差异，造成运输结构的分化。其中资源能源富集、二产比例高的城镇化地区，单位 GDP 高速公路货运强度大、重型货车占比高。例如，太原、宁夏炎黄城镇化地区，万元 GDP 高速公路货运量均超过 4 吨，6 轴及以上货车占高速公路货车总量的比重均超过 49%，太原城镇群万元 GDP 高速公路货运量超过 6 吨，6 轴及以上货车占货车总量比例超过 71%，分别是珠三角城市群的 3.5 倍和 7.4 倍。

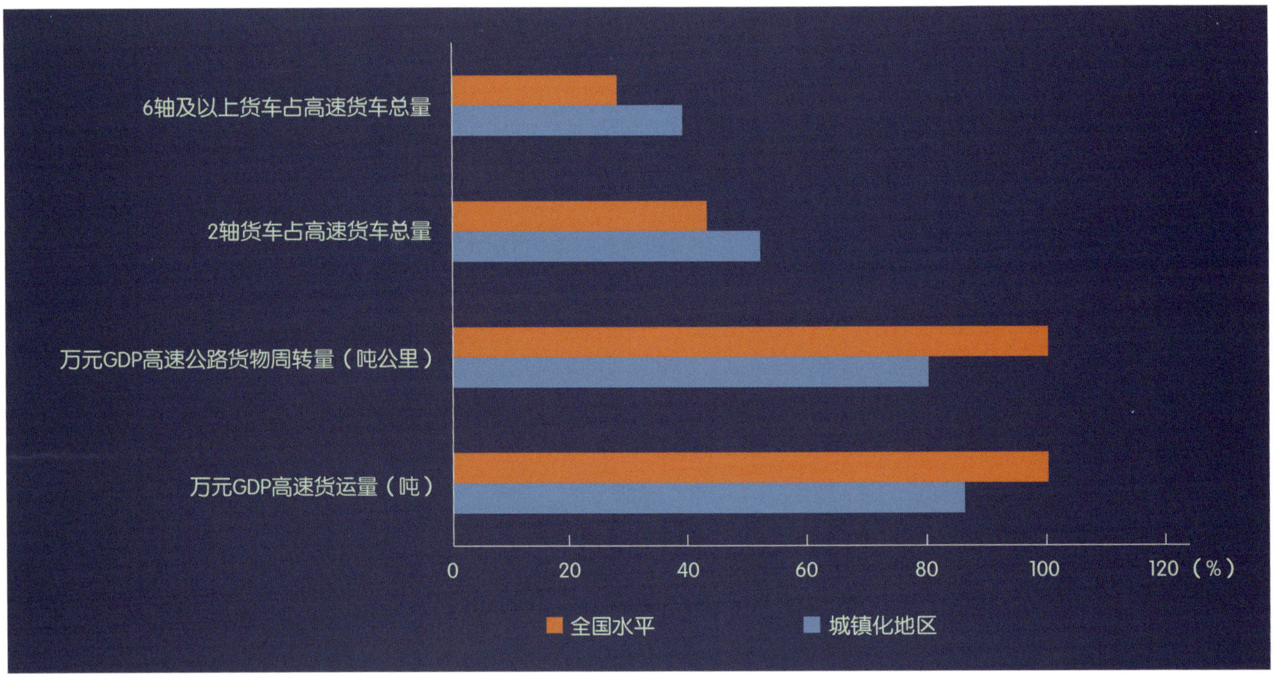

图 3-21　城镇化地区与全国平均水平主要指标对比

三、典型城市群高速公路运行分析

（一）京津冀城市群高速公路运行特点分析

京津冀城市群是以首都为核心的世界级城市群，以 2% 的地域面积，承担了全国 7%、11% 和 10% 的高速公路车流量、货运量、货物周转量。该地区城镇化率 62.5%，超过全国平均水平 6.4 个百分点，其中北京、天津城镇化率均超过 80%，河北城镇化率低于全国平均水平 4.8 个百分点，两极化明显。京津冀城市群 2015 年三次产业结构比重为 5.5 ∶ 38.4 ∶ 56.1，其中第三产业占比北京、天津、河北分别为 79.8%、52.2% 和 40.2%，呈阶梯型分布。

1. 以首都放射线为主通道对外联系强度高，沿海方向、资源省份方向高速公路车流量大

山东、山西方向高速高速公路车流量大。京津冀城市群作为集聚全国经济活力的重要区域，以首都放射线高速公路为主要载体，强化与周边省区及大经济区的经济沟通和运输联系。2016 年，日均进出京津冀城市群高速公路车流量、货运量分别为46万辆和406万吨。东北方向、山东方向、河南方向、山西方向、内蒙古方向进入京津冀城镇化地区的高速公路车流量占比分别为 12%、36%、13%、31% 和 8%。山东方向、东北方向高速公路日均进出货物量 184 万吨和 77 万吨，占比分别为 45% 和 19%，显示出极强的交通联系和经济协作。

除两大直辖市外，港口城市、省会城市、人口大市吸引对外辐射能力强。从对外联系向城市群节点辐射看，除北京、天津外，秦皇岛、唐山、沧州等港口城市和石家庄、保定等经济、人口大市在城市群对外经济协作和交通联系方面也具有较强的吸引力。京哈高速公路河北山海关主线收费站 75% 的车流量、80% 的货运量进入了秦皇岛和唐山；京港澳高速公路临漳主线收费站 33% 的车流量、34% 的货运量进入了石家庄和保定；京沪高速公路盐山主线收费站 84% 的车流量、91% 的货运量和京台高速

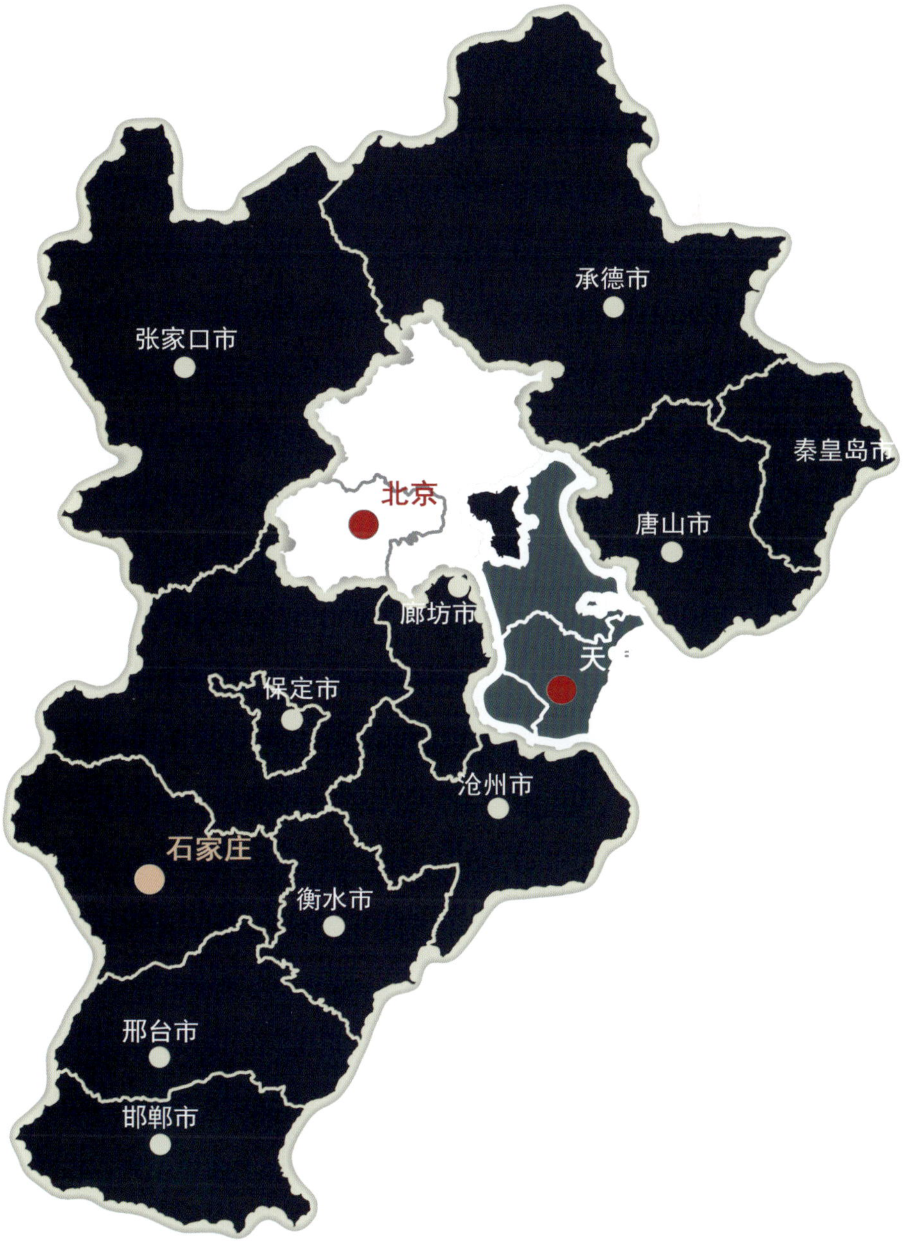

图 3-22 京津冀城镇群空间分布

公路吴桥主线收费站 87% 的车流量、82% 的货运量进入了沧州，极大地促进了跨区域经济联系。

2. 高速公路运输“一核双城”特征明显，圈层集聚特征突出

北京、天津高速公路运输核心作用强。作为全国的政治中心、文化中心、国际交往中心、科技创新中心，北京对京津冀城市群具有更强的辐射带动作用，其城际间高速公路车流量占京津冀城市群的 20%，其中客车流量是天津的 2.5 倍。天津作为全国先进制造研发基地、北方国际航运核心区，在京津冀城市群中的物流中心引领作用更强。日均进出天津的高速公路货运量 71 万吨，占京津冀城市群的 15%，是北京的 1.4 倍，其中天津—唐山的高速公路日均货物往来超过 35 万吨，充分体现了京津冀城市群 GDP 第 2、第 3 大城市，第 1、第 2 大港口紧密的经济联系、密切的运输协作。高速公路运输圈

层集聚特点明显。从空间分布看，京津冀城市群高速公路运输呈现“三圈层”特点。

第一是以北京为核心的北部大集聚圈层，北京—天津、北京—保定、北京—廊坊、北京—张家口、北京—沧州的高速公路日均车流量均超过 2 万辆，且承德（85%）、张家口（60%）、保定（37%）和廊坊（36%）的城际车流量到达北京。已建成运营的首都环线高速公路廊坊—张家口—承德段车流量大，年均日交通量突破 3.3 万辆 / 日。

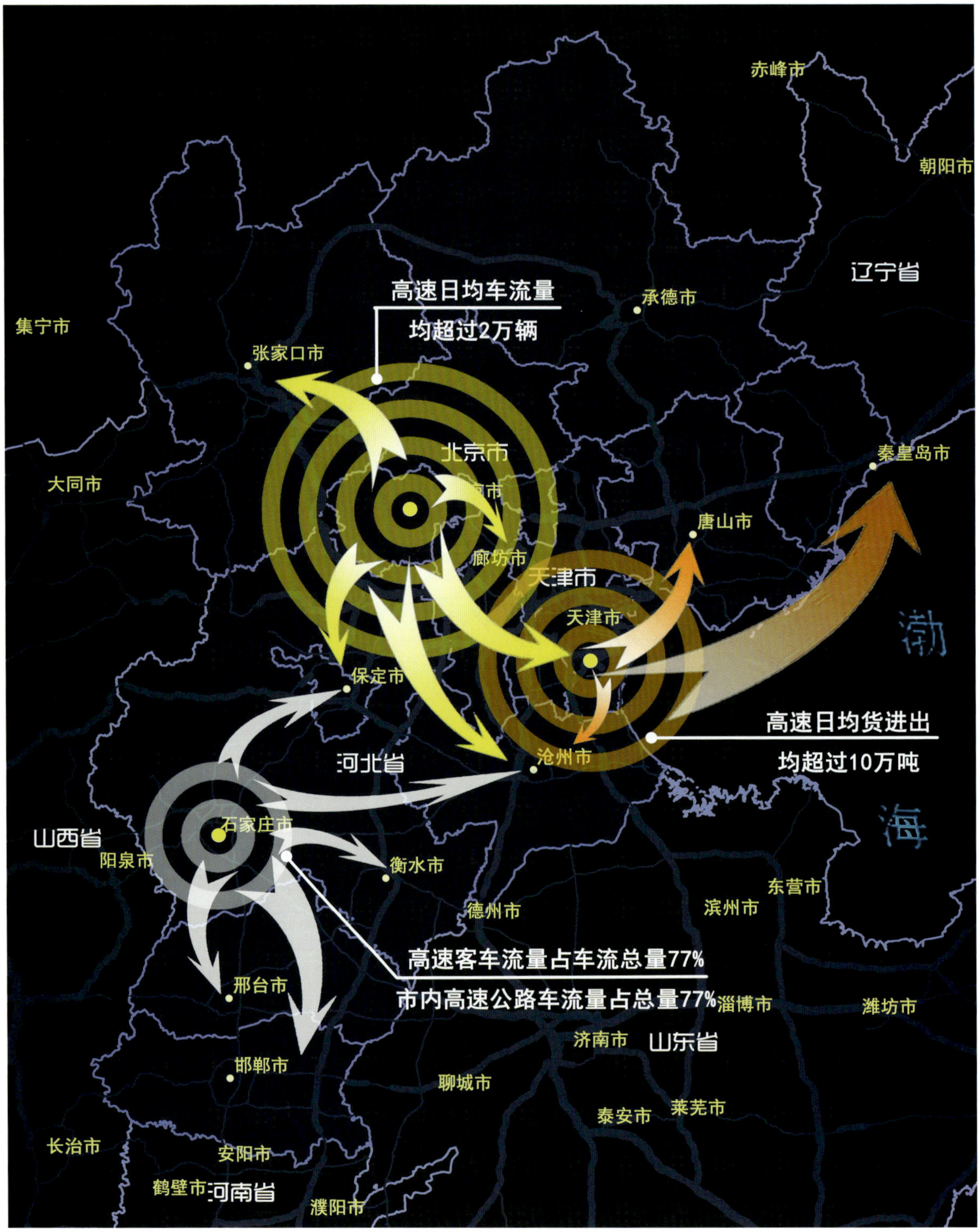

图 3–23　京津冀城市群运输圈层空间示意

第二是以天津为核心的东部港口圈层，集中体现港口协作和对城市群的物流带动，其中天津—唐山、天津—秦皇岛、天津—沧州的高速公路日均货物进出量均超过 10 万吨，占天津城际高速公路货运量的比例超过 80%。

第三是以石家庄为弱核心的南部圈层，其中石家庄高速公路客车流量占车流总量的 77%，市内高速公路车流量占总量的 77%，客运主导特征明显，区域运输特征突出。石家庄高速公路运输影响范围重点集中在邢台、保定、衡水等周边 150 公里内的城市，其中到达邢台、保定的高速公路日均车流量均超过 1.2 万辆，到达衡水的高速公路日均车流量为 0.6 万辆，但到达距离略远的沧州（220 公里）、邯郸（180 公里）等城市的高速公路日均车流量大幅下降，不足 0.4 万辆。

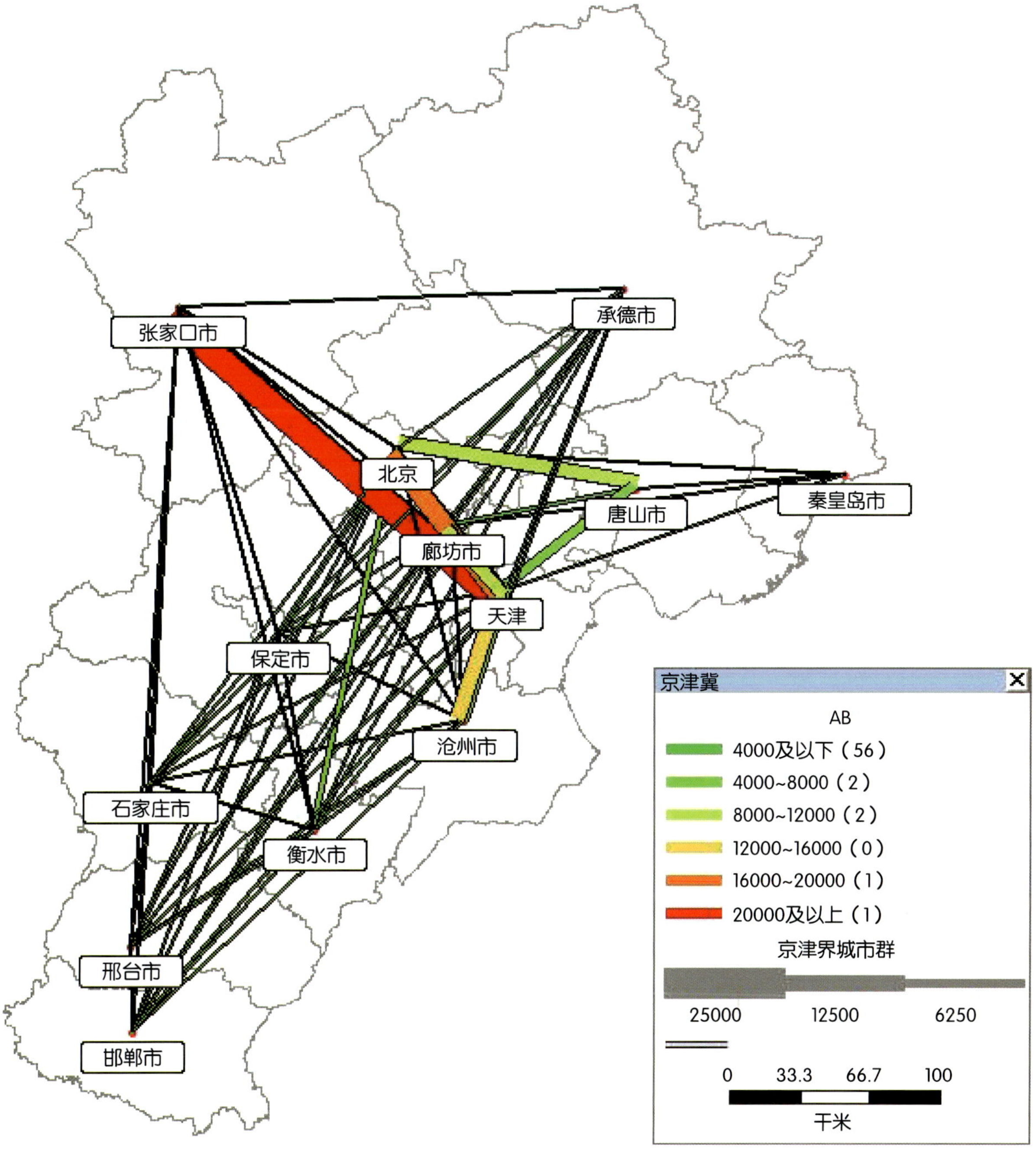

图 3-24　京津冀城市群高速公路车辆 OD 分布

3. 高速公路运输与港口联动特征初步显现

从高速公路货运进出情况看，京津冀城市群各城市到达天津的高速公路货运量是天津发往各城市的 1.5 倍，约占天津港出港货运量的 50%，与天津港出港量大于进港量特征保持一致；唐山去往京津冀城市群各城市的高速公路日均货运量超过 26 万吨，是各城市到达唐山的 1.4 倍，与唐山港进港量大于出港量的特征保持一致；沧州市城际间的高速公路日均货运量超过 15 万吨，入市量大于出市量，与黄骅港的出港量大于入港量保持相同态势，路港联动显现。

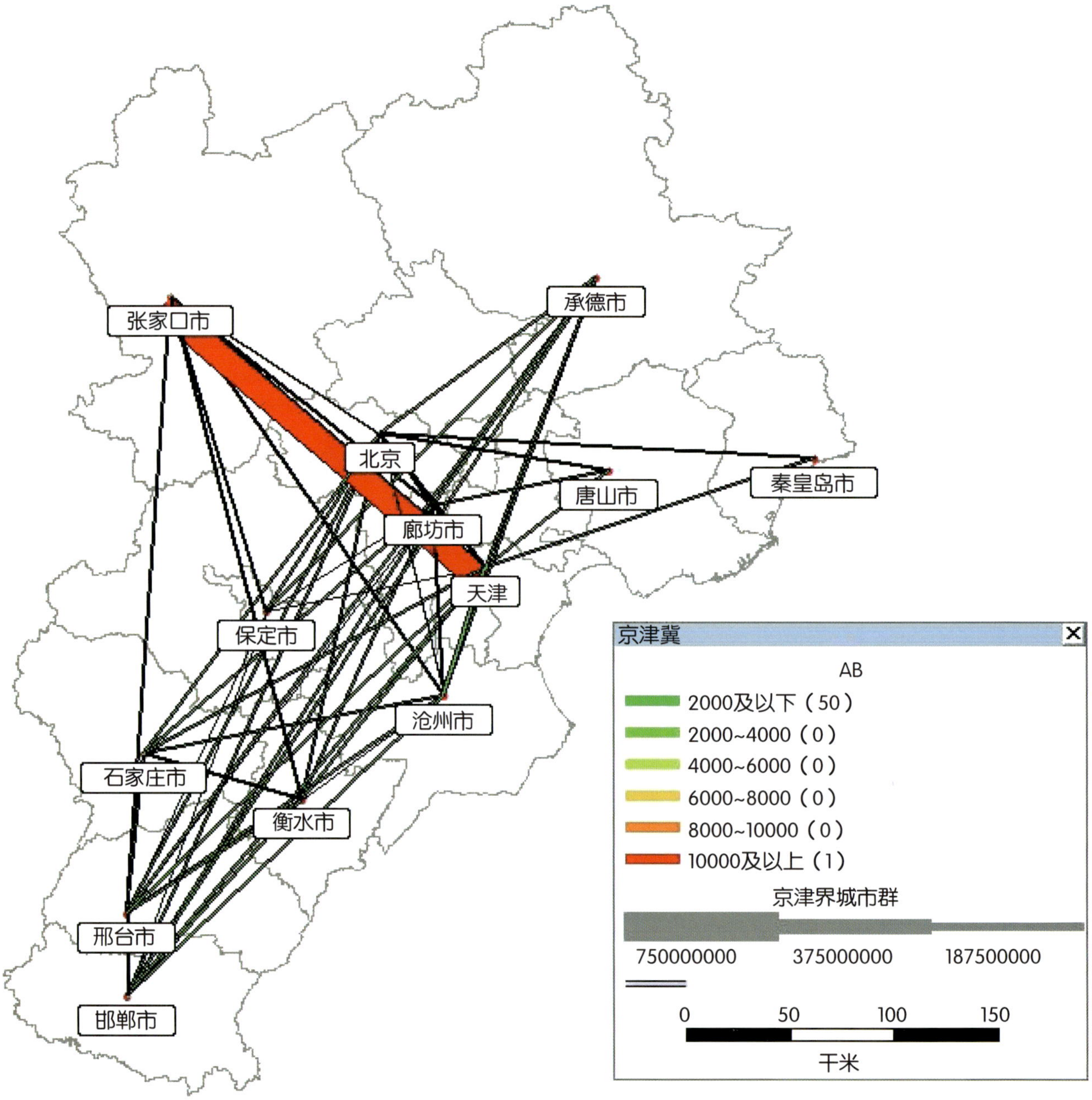

图 3-25 京津冀城市群高速公路货运量 OD 分布

4. 高速公路在短途运输、市域内运输发挥更重要作用，城际间的密切交流任重道远

京津冀城市群市域内高速公路车流量、货车流量占总量的比例分别为 61% 和 56%，远大于城际间

的流量占比，显示出极强的属地化特征。其中邯郸是河北省南部地区中心城市，规划的京津冀城市群区域性中心城市，人口超千万，GDP 全省排名第 4，高速公路市域内运输占比为 79%，跨区域运输水平低，区域性中心带动作用不明显。承德市人口不足 400 万，全市高速公路运输市内占比达到 88%，京津冀城市群最高，与其他城市联系弱，外向度低。

（二）珠三角城市群高速公路运行特点分析

珠三角城市群是我国改革开放的先行地区、重要的经济中心区，在全国经济社会发展和改革开放大局中具有突出的带动作用和重要战略地位。珠三角城市群以广州和深圳为双中心，功能多样化，并逐渐向网络化、多中心模式演化。珠三角城市群人口密度大，经济水平高，以 0.6% 的地域面积，承载了全国 5% 人口、9% 地区生产总值，对应承担了全国 17%、9% 和 4% 的高速公路车流量、货运量、货物周转量，人均高速公路车流量、单位 GDP 高速公路货物周转量分别是全国平均水平的 4 倍和 54%。该地区城镇化率超过 80%，超过全国平均水平 1.5 倍，运输需求旺盛，运输强度大。

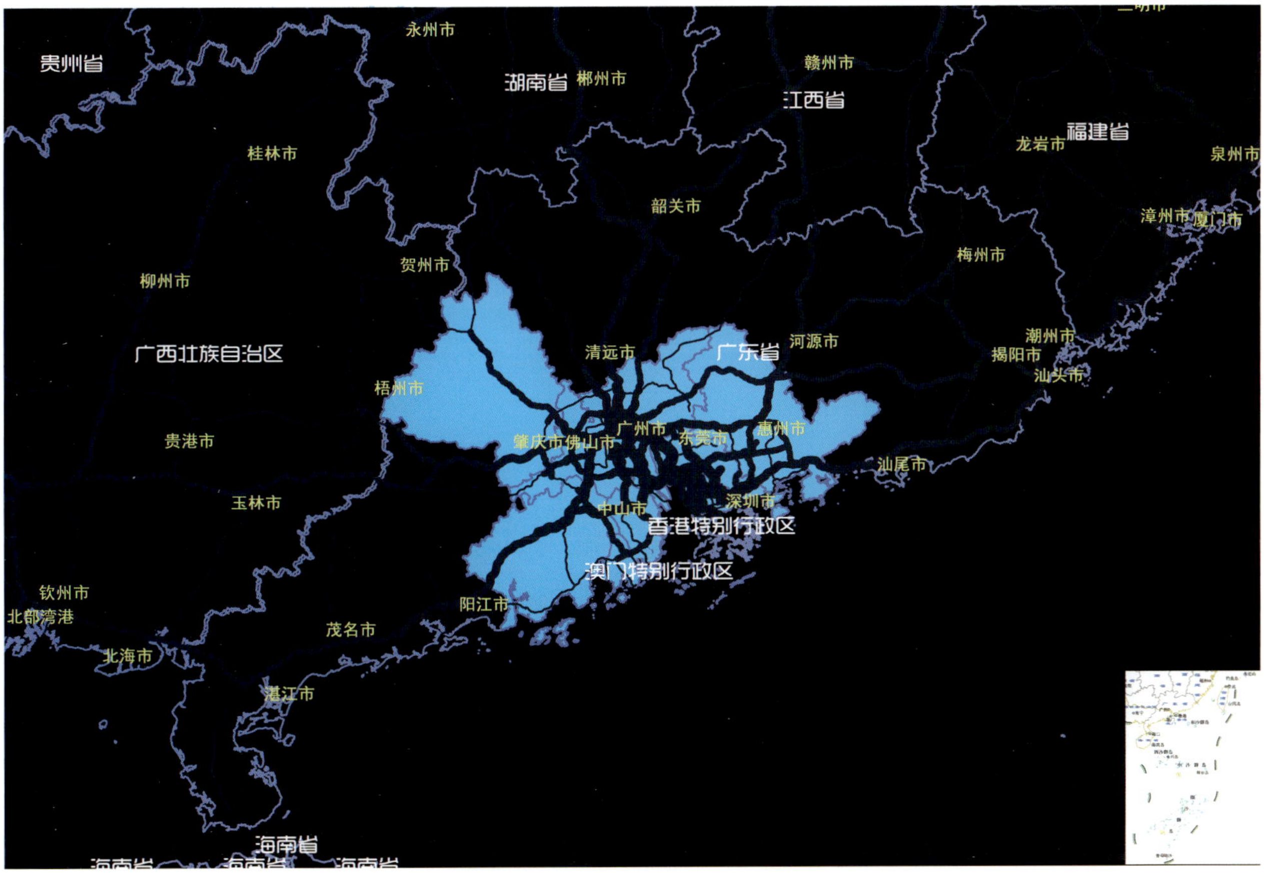

图 3–26　珠江三角洲区域车流量

1. 省内运输核心作用突出

珠三角城市群是世界制造业的重要基地，广东省经济发展中心和对外经贸的主阵地，常住人口占全省的 54%，GDP 占全省 4/5，进出口总额、外商直接投资额全省占比均在 95% 以上，工业增加值超 2 万亿元，第一、第二、第三产业比值为 1.8 ∶ 43.6 ∶ 54.6。高度的外向型经济，高质量的人口和经济要素聚集，高比例的第三产业结构，以及加工原料的输入和产品的输出，带动高速公路运输服务需求的持续旺盛和通道的高效运输。珠三角城市群网络化运输特征明显，承担的高速公路车流总量、货运量占全省的比例为87%和77%，成为全省高速公路运输最发达、最繁忙的区域。区域内的G4（京港澳高速）、G45（大广高速）、G15（沈海高速）年均日交通量均在5.3万辆/日以上。

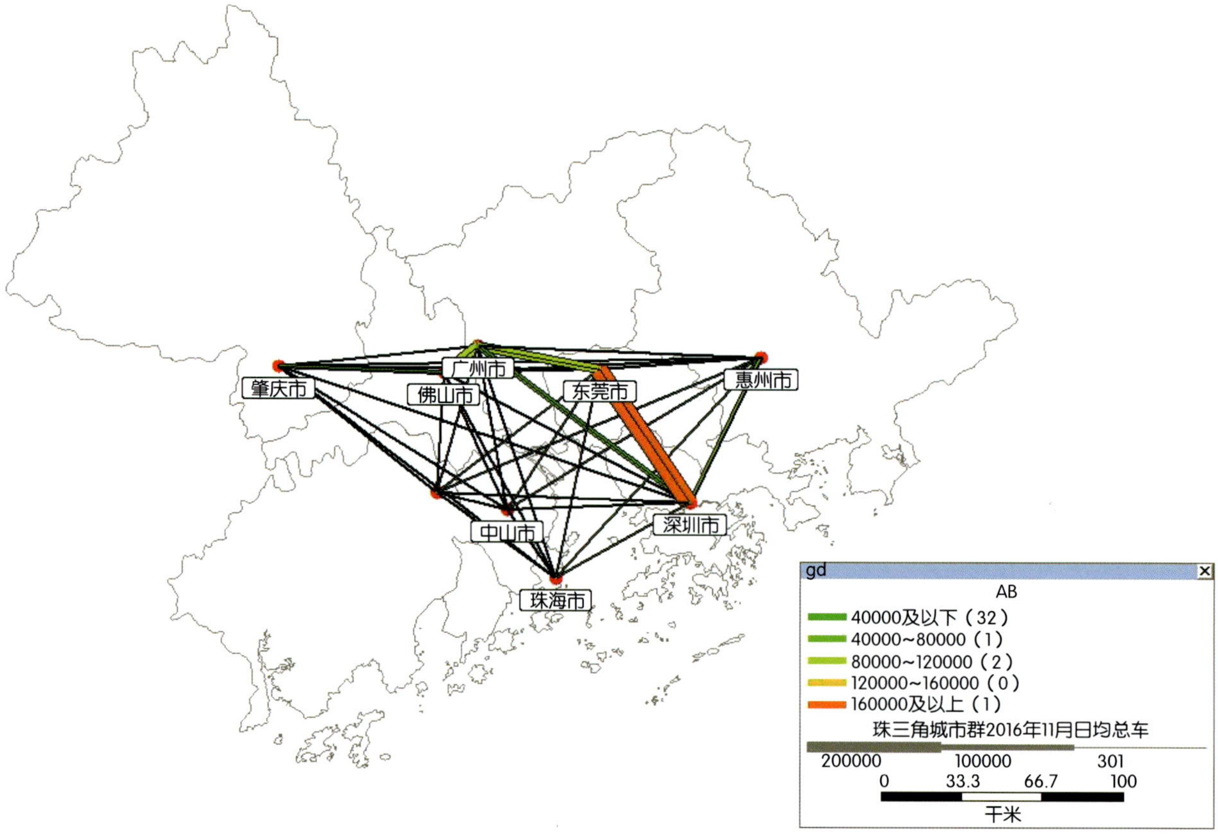

图3-27　珠三角城市群高速公路车流量OD分布

2. 组团运输与网络化运输特征并存

从各城市间的高速公路运输联系紧密程度看，珠三角城市群高速公路运输呈明显的近距离一体化特征。中部的广（州）佛（山）肇（庆）、东岸的深（圳）东（莞）惠（州）、西岸的珠（海）中（山）江（门）运输聚集特征显著，其中肇庆至广州、佛山的高速公路车流量占其城际间流量的76%，佛山至广州、肇庆的高速公路车流量占其城际间流量的57%；深圳每日有近24万辆车通过高速公路去往东莞和惠州，占其城际间高速公路车流量的76%；珠海每日有2.3万辆车通过高速公路去往中山和江门，占其城际间高速公路车流量的60%。三大地区内部密切的运输联系反映了广佛肇、深莞惠、珠中江的一体化空间布局和紧密的经济合作、产业协作。

3. 广州、深圳核心带动作用强，东莞、佛山区域中心作用显著

作为全国的两大国际性城市，广州和深圳的人均GDP水平超过北京和上海，GDP总量超过3.5万亿元，在珠江三角洲城市群占比为57%；广州和深圳日均高速公路车流量为298万辆，占珠江三角洲城市群的比重为63%，显示出极强的经济中心和运输核心作用。东莞、佛山的日均高速公路车流量为

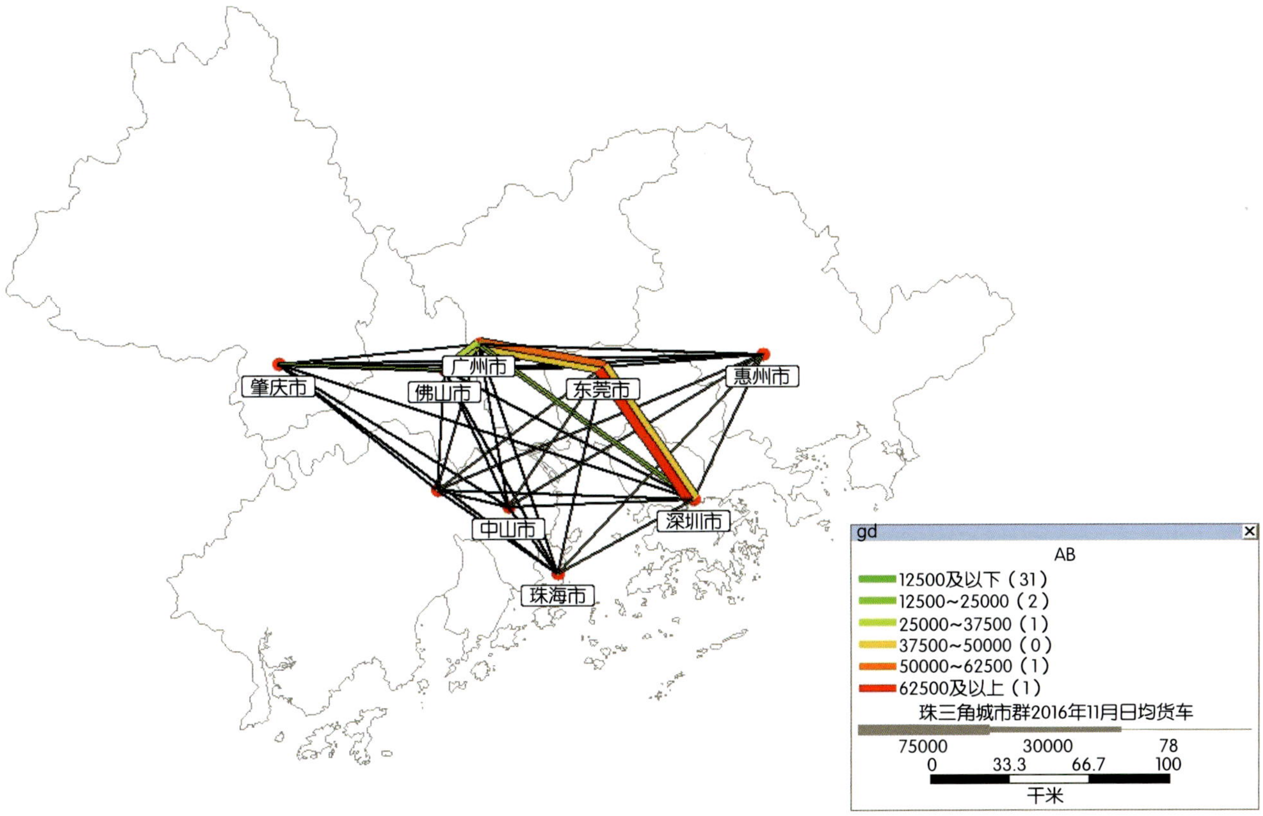

图 3-28　珠三角城市群货车流量 OD 分布

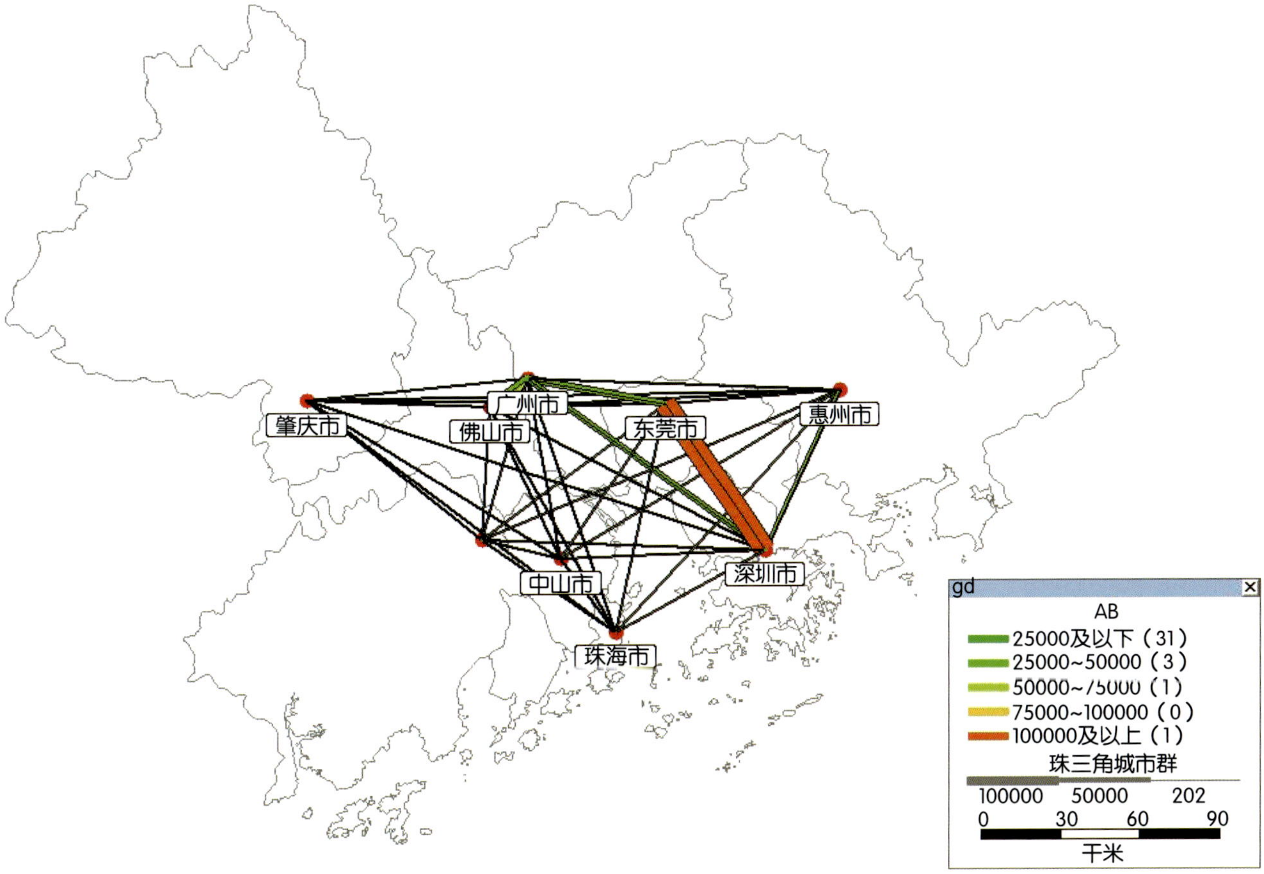

图 3-29　珠三角城市群客车流量 OD 分布

90 万辆，占珠江三角洲城市群的比重为 20%。在城际运输方面，东莞、佛山的高速公路货运量达到 20 万吨，占珠江三角洲城市群的比重为 35.2%，东莞的城际高速公路货物发送量占比甚至超过了深圳，物流中心作用更强。

4. 区域联系紧密，运输距离短，轻型车比重高

深圳—惠州—东莞的平均距离约 100 公里，江门—中山—珠江的平均空间距离约 40 公里，广州至佛山不足 30 公里，高密度的城镇布局和近距离的一体化联系促进高速公路区域运输的短途化。珠江三角洲城市群高速公路平均运距为 35 公里，全国城镇化地区最短，是全国平均水平的一半，其中高速公路客车平均运距 33 公里，货车平均运距 40 公里，潜在反映高速公路在城市运输和近距离区域运输中发挥更大的作用。数据显示，中部（广佛肇）、东岸（深莞惠）、西岸（珠中江），各都市区内高速公路总车流量占比分别达到了 87%、90% 和 62%，广州、深圳两大运输核心，市域内高速公路运输占比均超过 77%。而其他城市围绕两大核心呈现出极强的区间运输特征，人口在 410 万以下、GDP 在 3100 亿元以下的珠海、中山、肇庆的城际间高速公路车流量超过 2/3。由于更高的第三产业比重和更轻量化的工业产业，珠三角城市群高速公路货运车辆轻型化特征明显，2 轴货车占比为 69%，全国城镇化地区最高，是全国平均水平的 1.4 倍。

第四章　长江经济带战略推进下的高速公路运行

长江经济带覆盖区域涉及上海、江苏、浙江、安徽、江西、湖北、湖南、重庆、四川、云南、贵州等 11 省市，国土面积占全国的 21%，人口和经济总量均超过全国 40%，生态地位重要、综合实力较强、发展潜力巨大，是国家“三大战略”重点推进发展地区。根据《长江经济带发展规划》，着力发挥黄金水道上、中、下游各自的比较优势，统筹海陆东、西双向开放区域资源，实现统筹发展是未来一段时期这一区域的实施重点。

专栏

长江经济带发展规划

2014 年国务院发布《关于依托黄金水道推动长江经济带发展的指导意见》，2016 年国家发改委发布《长江经济带发展规划》，依托长江黄金水道发展契机，提出“生态文明建设的先行示范带、引领全国转型发展的创新驱动带、具有全球影响力的内河经济带、东中西互动合作的协调发展带”的战略定位，力图充分发挥黄金水道上、中、下游各自比较优势，统筹海陆东西双向开放区位资源，实现统筹发展。

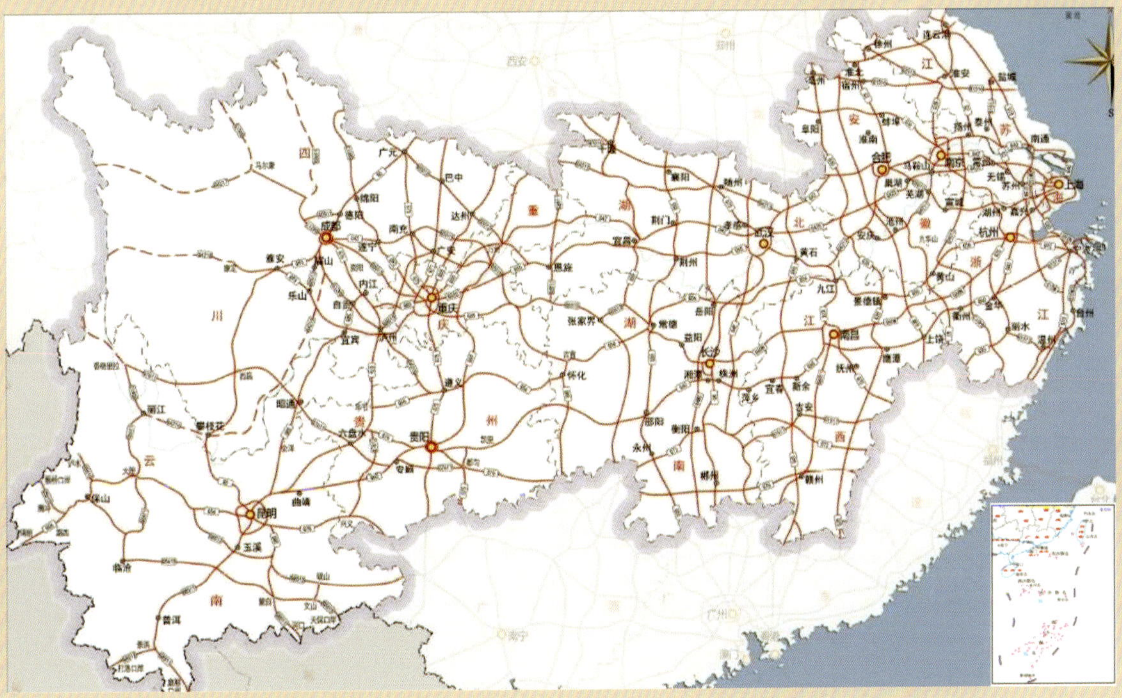

目前，长江经济带沿江省市已经基本形成京沪、京台、京港澳、成昆等沟通南北，沪蓉、杭瑞、沪渝、沪昆等联系沿海地区通往东南亚东西向通道，高速公路总里程达到48124公里，占全国高速公路总里程38.7%，是我国高速公路网最为密集的区域。长江经济带沿江省份高速公路路网密度和占公路网比重呈沿长江自下而上逐步下降的状态。近年来，沿江省份间高速公路里程差距正逐步缩小，在全国的里程排名发生较大变化，中上游省份后来居上（见图4–1），贵州省在高速公路占路网比重和高速公路路网密度方面均已超过湖南省（见图4–2）。江苏、浙江等下游省份的路网规模先发优势已经逐步被中上游省份后发追赶。

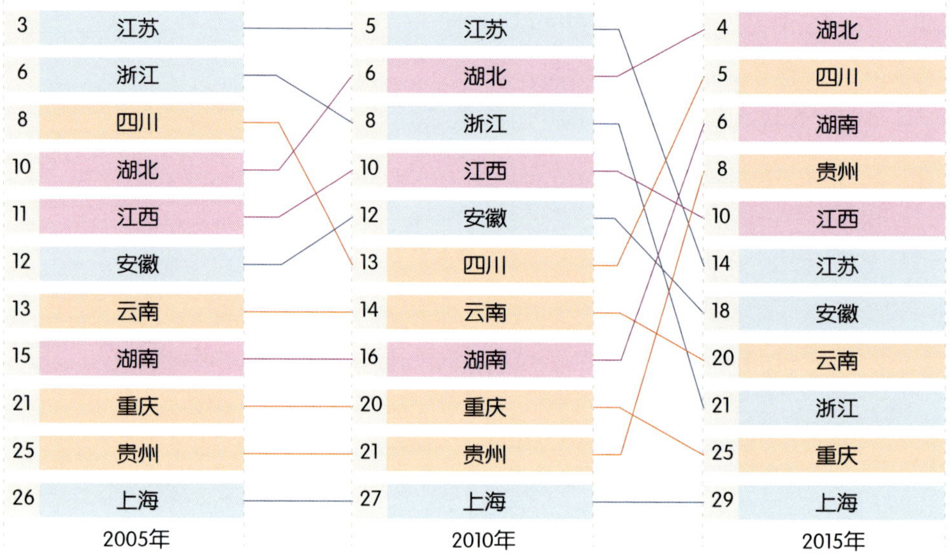

图4–1　长江经济带省份高速公路里程全国排名变动情况

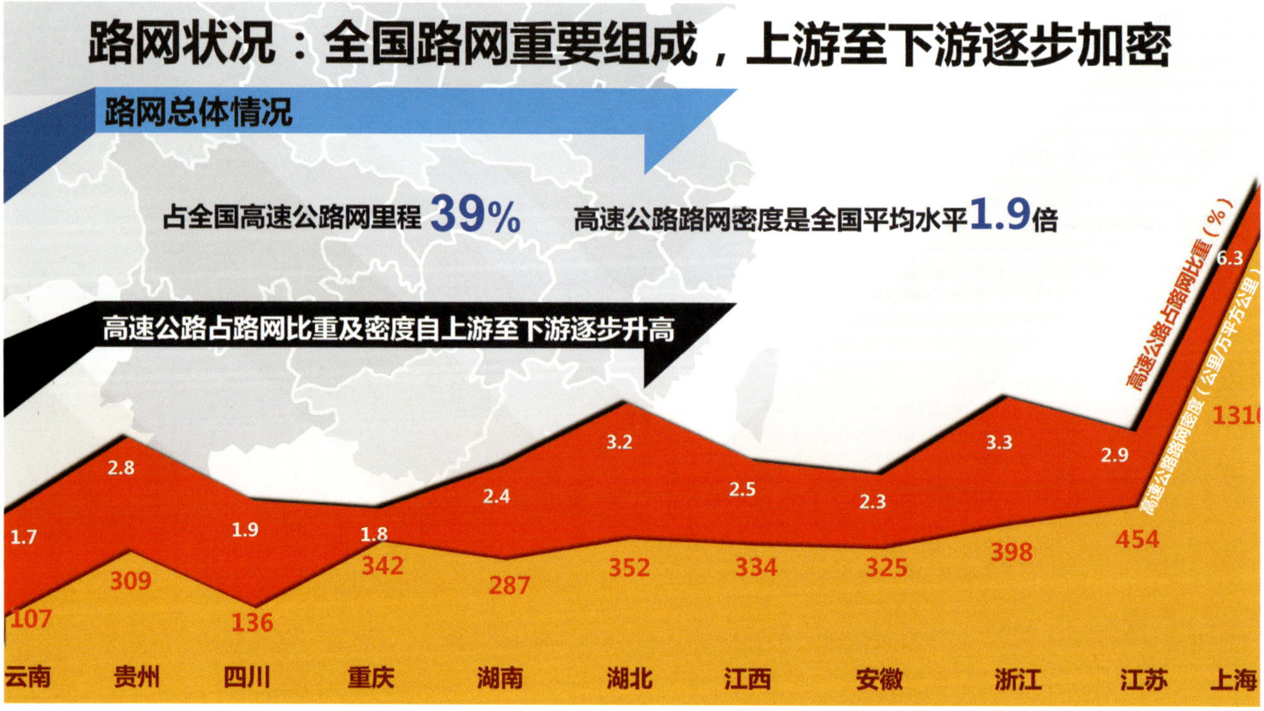

图4–2　长江经济带上中下游高速公路路网密度及占公路比重特征

从高速公路整体运行情况来看，长江经济带 11 省市的高速公路客车流量占全国 26 省的 52%，高速公路客运量占全国的 48%，高速公路货车流量占 46%，高速公路货运量占全国的 36%。长江经济作为国家“三大战略”重点推进发展区，全球内河经济带、东中西互动合作协调发展带、沿海沿江沿江全面推进对内对外开放带的作用非常明显。

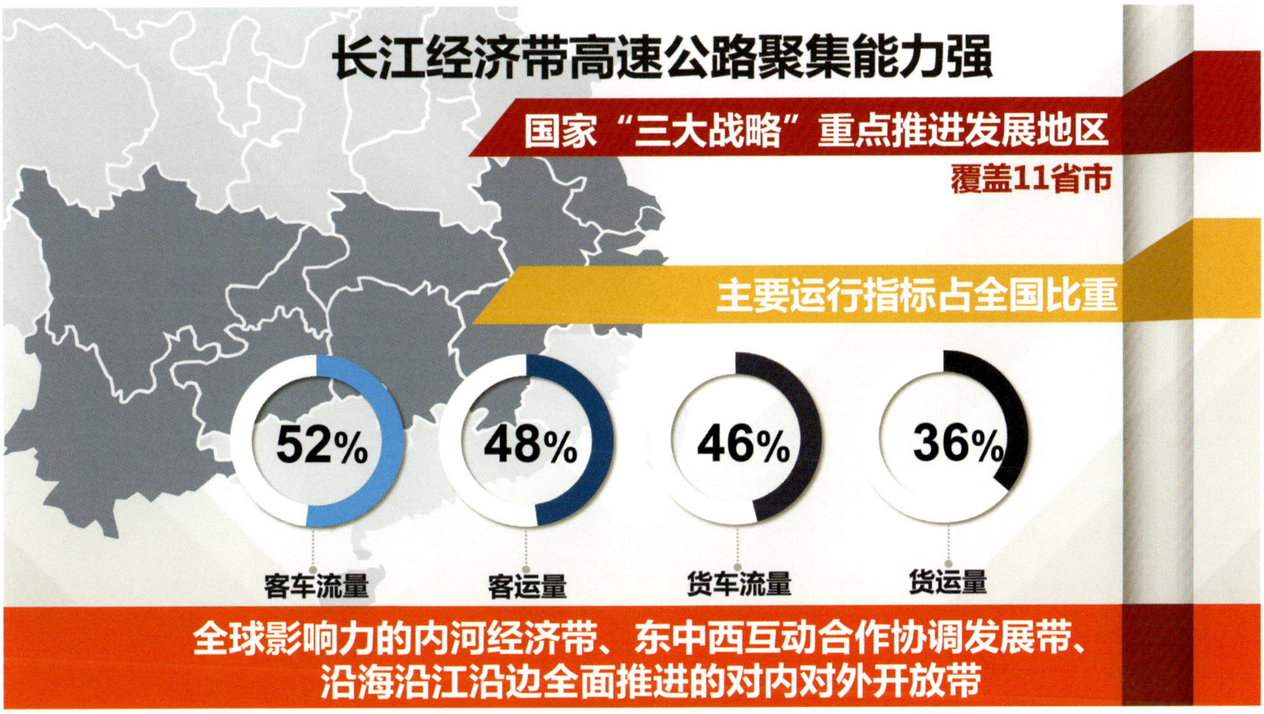
长江经济带高速公路聚集能力强
国家“三大战略”重点推进发展地区
覆盖11省市
主要运行指标占全国比重
52%
48%
46%
36%
客车流量
客运量
货车流量
货运量
全球影响力的内河经济带、东中西互动合作协调发展带、
沿海沿江沿边全面推进的对内对外开放带

图 4-3　长江经济带高速公路整体运行情况在全国的位置

本章内容分为两部分，分别是“长江经济带高速公路运行与经济社会发展”和“长江经济带高速公路运行基本概况”：长江经济带高速公路运行与经济社会发展部分，重点从产业衔接与宏观经济、地方经济、与人民生活的关系等角度开展分析，同时也对长江经济带沿线高速公路的春运特征进行了分析；长江经济带高速公路运行基本概况部分，主要从行业视角分别从综合运输角度和高速公路基本运行情况两个层面分析长江经济带高速公路运行的特征。

一、长江经济带高速公路运行与经济社会发展

作为我国“三大战略”之一的长江经济带，其发展态势是全国发展趋势的映射和预警。我国经济发展模式正从投资驱动向消费驱动转变，作为长江经济带陆路运输重要跨境通道的高速公路货运需求与经济发展的关联演变情况值得关切，需要持续跟踪。

1. 高速公路是长江经济带三次产业发展空间纽带

经过多年建设，长江经济带高速路网日渐完善，实现了与各产业紧密衔接的陆路快速网络。

（1）工业衔接：长江经济带境内工业增加值占全国 41.7%。高速公路网实现了与 108 个国家级经济开发区和 33 个国家级转型升级示范开发区的 100% 有效串联（10 公里以内，下同），有效支撑了经济带内制造业产品的内输外运。

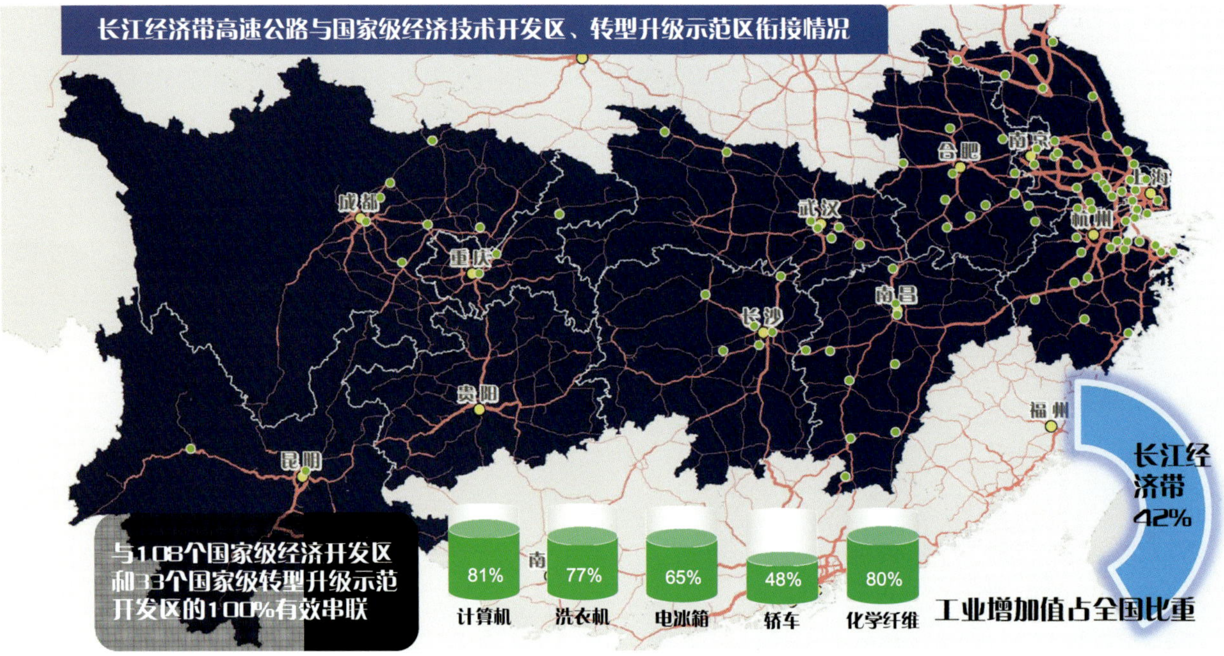

图 4-4　与国家级转型升级示范开发区和经济开发区的空间联系

（2）农业衔接：长江经济带境内农林牧渔业增加值占全国的 41.6%。高速公路实现与 118 个国家级现代农业示范区中 90% 以上的示范区有效串联，为重点农产品产量的运输提供了便利条件。

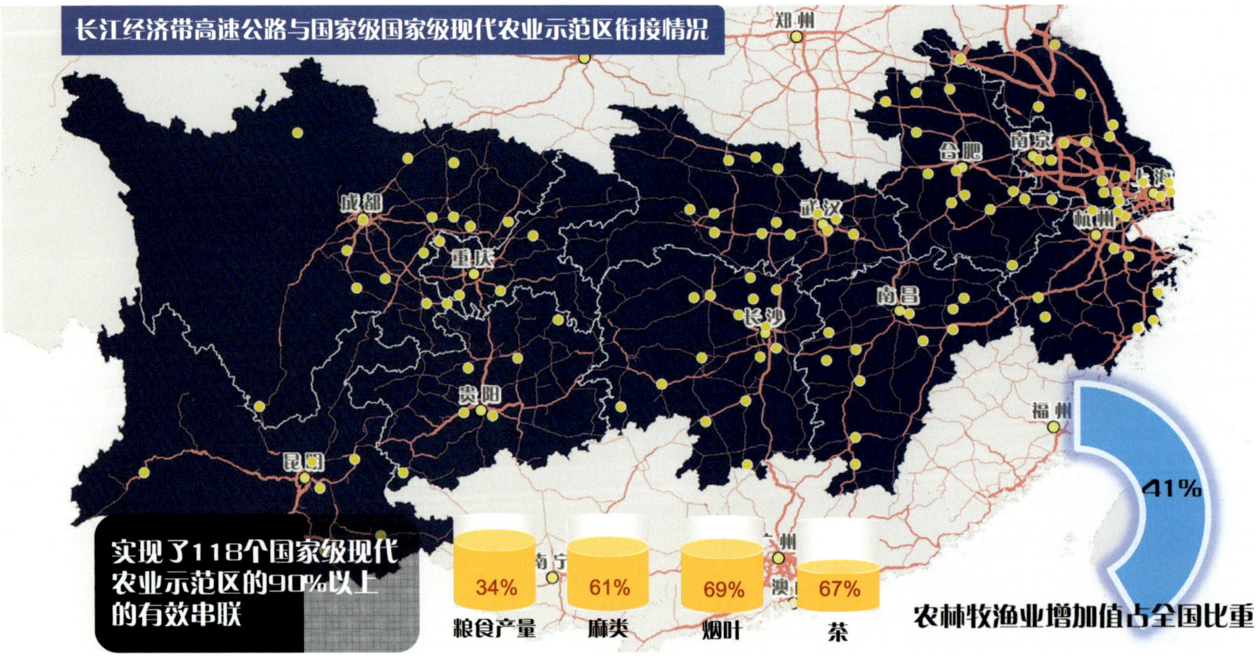

图 4-5　与长江经济带国家级现代农业示范区的空间联系

（3）服务业衔接：实现了与 103 个国家 5A 级景区中 80% 以上的景区衔接。

图 4-6　与国家 5A 级景区的空间关联

2. 高速公路货运量与宏观经济发展趋势保持一致

货车流量环比增速与全年经济走势吻合度较高，下游省市敏感性更强。2016 年长江经济带以上海、重庆、浙江、湖北、四川 5 个自由贸易示范区为引领，长三角城市群、长江中游城市群、成渝城市群三大经济增长极的辐射带动和引领示范作用日益明显。特别是 7 月起在全国进出口贸易仍处下行的情况下，长江经济带沿线诸省进出口贸易降幅收窄，宏观经济趋于向好。

通过世界公认较好评判中国宏观经济发展态势的克强指数与长江经济带高速公路车流量的变化趋势来看，两者有较强的同步性。2 月、3 月克强指数与高速公路货运量同样呈现大落大起态势，4 月、5 月经济与高速公路货运量同期低位发展，6 月、7 月克强指数开始企稳，从 4.7 升至 7.2，吹响了全国经济回暖的号角。在此背景下，沿江各省高速公路车流量同比增幅及时反馈，高速公路货车车流量从 6 月的整体负增长转为 7 月的整体正增长，并一同在后续的 7—8 月稳步增长，增长趋势一直延续至 12 月。8—10 月，浙江省高速公路货车流量虽受 APEC 会议影响在 8 月和 9 月出现降幅，但 10 月强势反弹，而中部省份安徽、湖北、湖南开始整体发力。11 月、12 月西部省份（除云南外）均实现强势增长，特别是贵州省增幅最大。

从数据来看，长江下游省市对于宏观经济的反应更为敏感，而中下游省份反应一般会后置 1 个月左右，但是中上游省市高速公路货运量月度波动幅度大于下游省市。这种情况的出现与工业化发展阶段有关，下游经济发达省市对于公路运输，特别是高速公路运输的依赖程度正在逐步下降，而中上游省市经济发展结构多处于工业化发展中期的因素导致其经济发展对于公路运输的依赖仍然较高，敏感性更强。

专栏

公路货运量与GDP的关系

“以交通运输客货运量为基础的CTSI指数能较为准确地反映交通运输行业总体运行特点，同时与宏观经济之间具有较高的匹配程度，并能够显示出一定的预警作用，特别是货运，CTSI货运、综合指数与工业增加值之间的相关系数更高，达到0.98。时差相关分析法和周期性分析法均显示CTSI（客运、货运及综合）指数与工业增加值具有较强的同步性。”

从近年全社会公路货运量与GDP发展趋势来看，GDP持续保持较高增长，货运量增长呈现停滞，2013年、2015年甚至出现下滑，货运量与经济发展趋势首次出现自新中国成立以来的背向发展。1979—2012年单位全社会货运量和公路货运量承载的国民生产总值趋势一直保持同步增长。

资料来源：《中国运输服务指数（CTSI）构建研究》，2015。

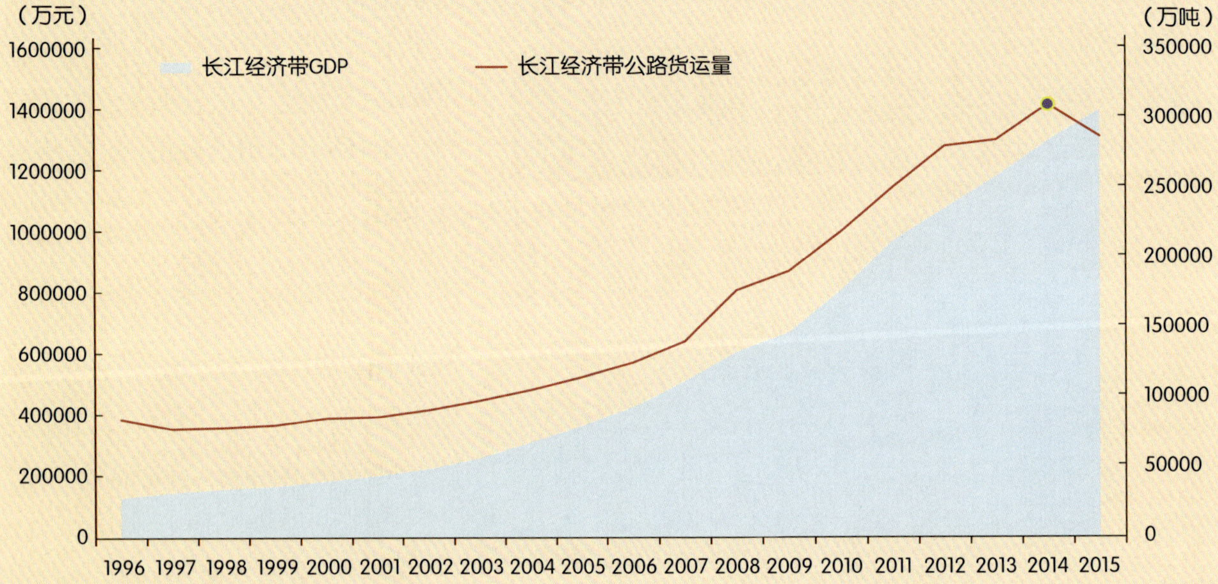

长江经济带相关省份1996—2015年GDP与其公路运量走势

高速公路货运量与工业发展走势总体一致。作为“克强指数”三大组成指标之一的用电量，可以准确反映工业生产的活跃度和工厂开工率，而通过对高速公路货运量与工业用电量进行关联分析，可以体现

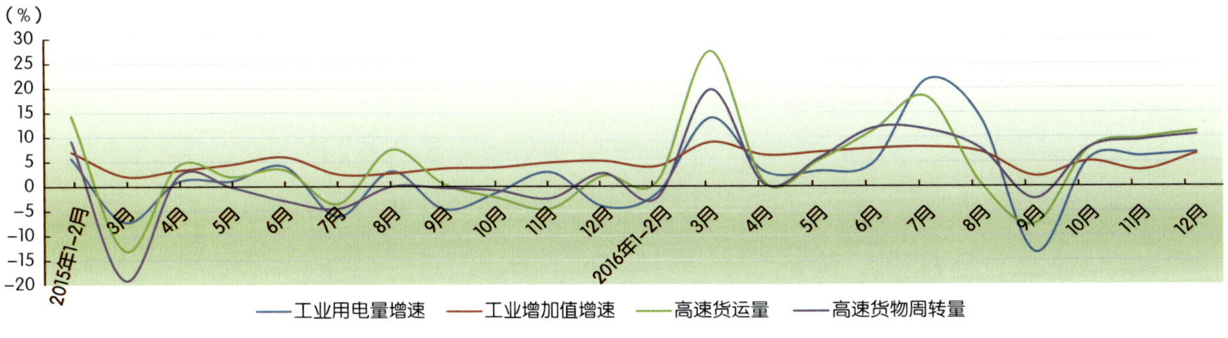

图4-7 浙江、江苏运输与工业重点指标增幅比较

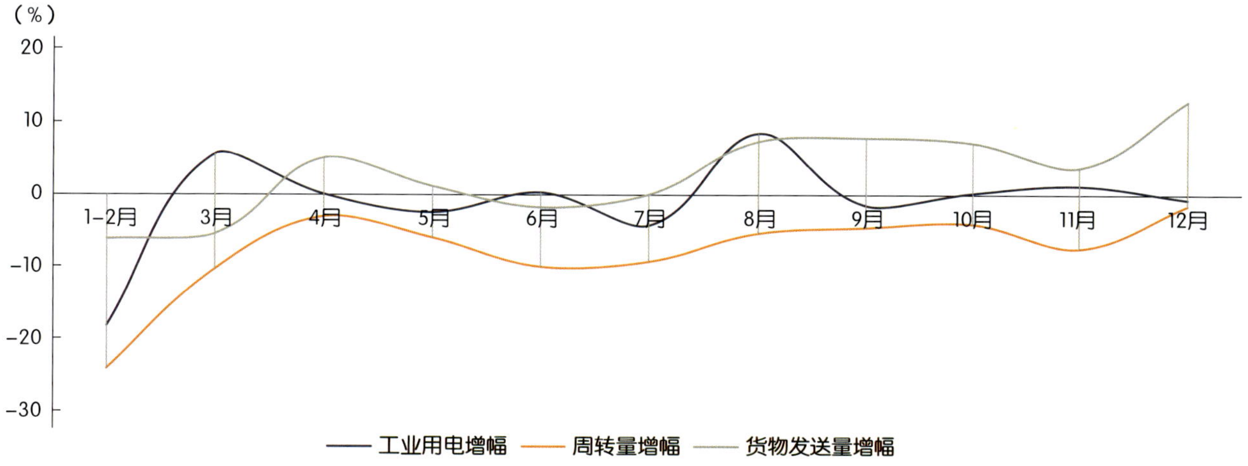

图 4-7（续）

高速公路与工业发展之间存在的联系。从 2014—2016 年长江经济带浙江、江苏等典型省份高速公路货物发送量、货物周转量与工业用电量季度同比增幅趋势来看，高速货物发送量和货物周转量与工业用电量呈现出较好的一致性和同步性，反映出高速公路货运量和货物周转量与工业发展具有较为紧密的关系。

专栏　2016 年全国实体经济运行态势

“实体经济短期企稳迹象十分明显”。

首先，从 GDP 增长和物价指数来看，尽管第 3 季度的实际 GDP 增速稳定在 6.7，但是名义 GDP 增速出现强劲反弹，呈现出加速性上扬态势。其中一个重要原因在于，工业摆脱了 50 多个月的低迷状态，发生了本质性变化。10 月，全国规模以上工业增加值按可比价格计算同比增长 6.1%。此外，GDP 平减指数由负转正，CPI 稳定，PPI 也摆脱了通缩状态。名义 GDP 的大幅度反转说明短期供求状况得到全面改善，价格反转预示着供求关系步入新平衡状态，短期周期性触底已经出现。

其次，从就业形势来看，稳中向好。除了物价水平、GDP 增长速度，政府最为关注的是就业状况。预计城镇新增就业今年会达到 1400 万左右，在 GDP 持续回落的过程中就业状况却并未恶化，甚至有所改善，核心原因在于经济结构调整已经前进，导致对于人口、劳动力的需求发生了巨大变化。就业状况和不平衡调整的状况说明，结构性调整可能已经取得了阶段性收效。

最后，从微观主体绩效来看，各项指标大幅度改善。2016 年 9 月，规模以上工业企业利润总额和主营业务收入累计值分别同比增长 8.4% 和 3.7%，规模以上工业企业亏损总额累计值同比下降 7%，产成品存货比上年同期下降 0.8%，资产负债率比上年同期下降 0.6 个百分点。这些数据显示，微观经济主体运营绩效大幅改善，经济回暖的微观基础逐步筑实。

资料来源：国家信息中心分析报告《回望 2016：“稳增长”外，更要“控风险”》。

3. 高速公路货运量对地方经济发展的支撑存在差异

长江经济带省市完成万元 GDP 高速公路货运量并非保持同一水平。云南完成万元 GDP 高速公路货运量最多，达到 2.8 吨，浙江完成万元 GDP 高速公路货运量相对较低，仅需 1.1 吨（见图 4–8）。数据表明江苏、湖北、湖南等省经济发展对高速公路货物运输依赖程度较弱，而云南、浙江、江西、安徽等省经济发展对高速公路货物运输则依赖度更高。

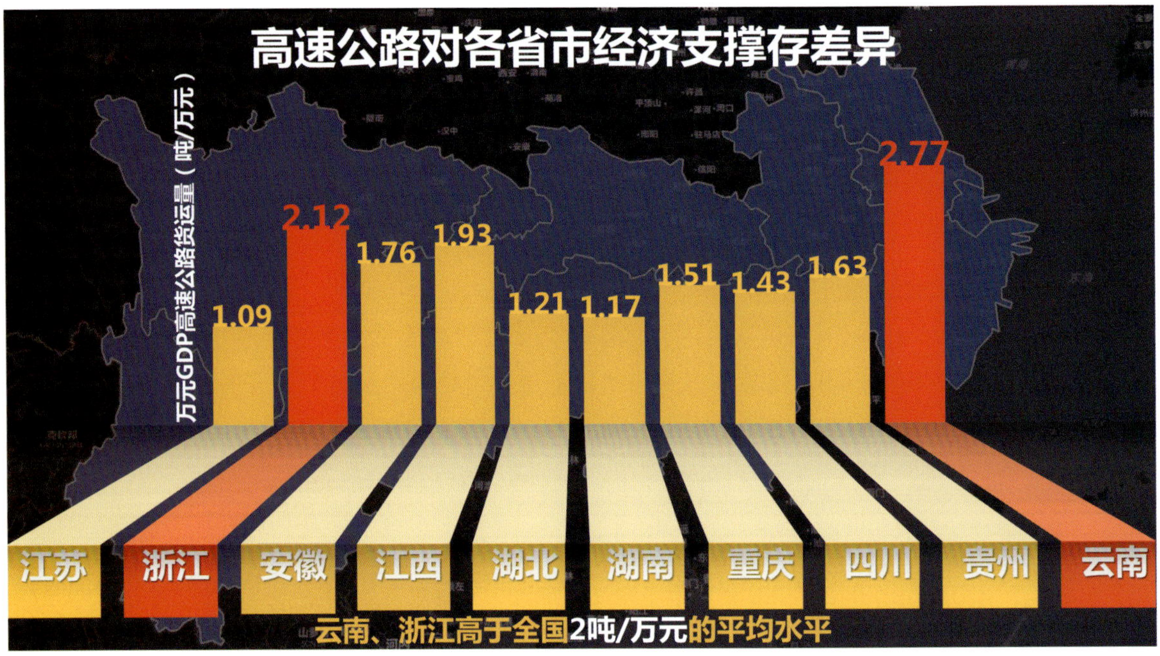

图 4–8 2016 年沿江各省万元 GDP 高速公路货运量

各省市高速公路货运量与经济发展的关系呈现不同变化趋势。根据近 3 年数据显示，江苏、浙江、重庆万元 GDP 高速公路货运量呈现较为明显的下降趋势；江西、湖南呈现平稳态势；四川、湖北、安徽等省则呈现上升趋势（见图 4–9）。

经济相对发达的江苏、浙江、重庆和湖南都呈现出高速公路货运量增速低于经济发展增速的情况。这与各省份产业结构和运输物资有关，同时也反映出当前我国各省经济增长由投资驱动向消费驱动转变、产业结构调整和升级步调存在差异。

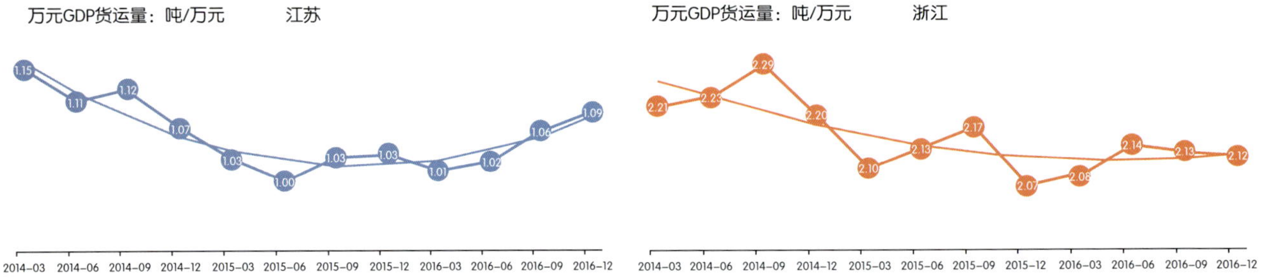

图 4–9 近 3 年各省万元 GDP 高速货运量季度变化趋势[①]

① 无 2014—2016 年贵州省、云南省数据。

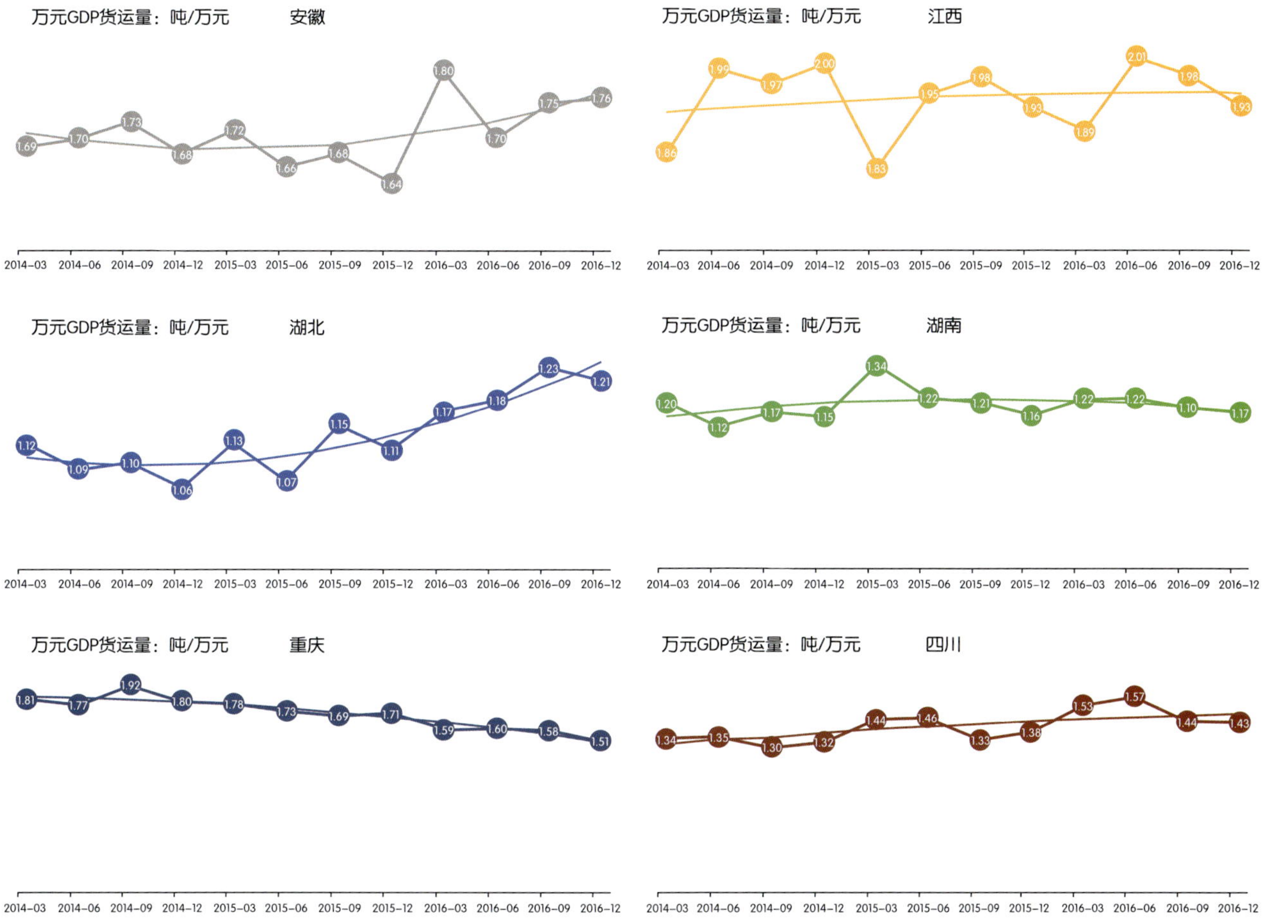

图 4-9（续）

专栏

美国出现的运输量与 GDP 发展背离情况

美国：1997—2002 年当制造业所提供的工作岗位数量呈下降趋势的时候，美国全国货运量增速却达到每年 1.2%，货物周转量增速达到 0.9%。货运量的增长不再与经济保持同一步调；而美国从 1997 年每 10 亿美元国内生产总值（按 2009 年美元价值计）运输 148.5 吨货物下降到 2012 年的 127.9 万吨

资料来源：USDOT　FAF 2015 and USDOC BEA 2015.

4. 高速客运服务逐步向消费型出行倾斜

随着长江黄金水道建设的深入推进和《长江经济带发展规划纲要》的逐步落地，沿江各类交通基础设施建设极大地促进了沿江省份的内外经济联系，增进了区域间的人流往来，消费性出行特征日益明显。

小型客车出行增速明显，但出行距离变化不大。2016 年沿江省市 7 座以下车型高速公路流量增幅显著，贵州增幅超过 35%，安徽和四川增幅超过 20%，其他省份普遍增幅也在 10% 左右，其他中大型车均出现明显降幅（四川、贵州除外）。从出行距离来看，各车型变化不明显，但 20 座以上的中大型车辆的出行距离开始呈现下降趋势（见表 4–1 和表 4–2）。

表 4–1　2016 年长江经济带不同客车车型通行量同比增速[①]（%）

区划	车型一（7 座以下）	车型二（8~19 座）	车型三（20~39 座）	车型四（40 座以上）
上海	13.7	–4.7	5.2	–0.6
江苏	8.7	–2.0	–16.9	2.4
浙江	12.0	3.9	–7.6	–3.6
安徽	21.8	2.3	–5.7	–0.6
江西	17.2	–8.1	–2.9	1.4
湖南	11.4	2.5	–0.9	4.0
重庆	16.8	0.6	–5.5	45.7
四川	25.0	5.6	16.6	15.4
贵州	35.8	–1.4	9.5	8.8

表 4–2　2016 年长江经济带不同客车车型行驶距离同比增速（%）

区划	车型一（7 座以下）	车型二（8~19 座）	车型三（20~39 座）	车型四（40 座以上）
总体	0.1	–7.3	–1.1	1.4
上海	–1.8	–0.5	0.7	–1.0
江苏	2.6	1.5	–3.5	–0.6
浙江	–0.7	–1.0	–4.5	–1.7
安徽	0.8	–3.7	–2.9	–1.3
江西	2.3	1.1	–5.6	–5.0
湖南	4.5	3.7	–7.6	–4.9
重庆	1.9	9.8	–2.5	–12.4
四川	–1.5	17.2	19.9	22.7

客车车流量随季节波动，旅游等消费出行特征明显。长江经济带高速公路客车车流量季节性波动特征非常明显，春节、暑期、“十一”黄金周客车车流量均有较强的敏感性增幅。

① 表中不含湖北、云南的数据，因 2015 年湖北省高速公路客车分类未与全国统一，数据不具备可比性，2015 年缺少云南分客车车型数据。

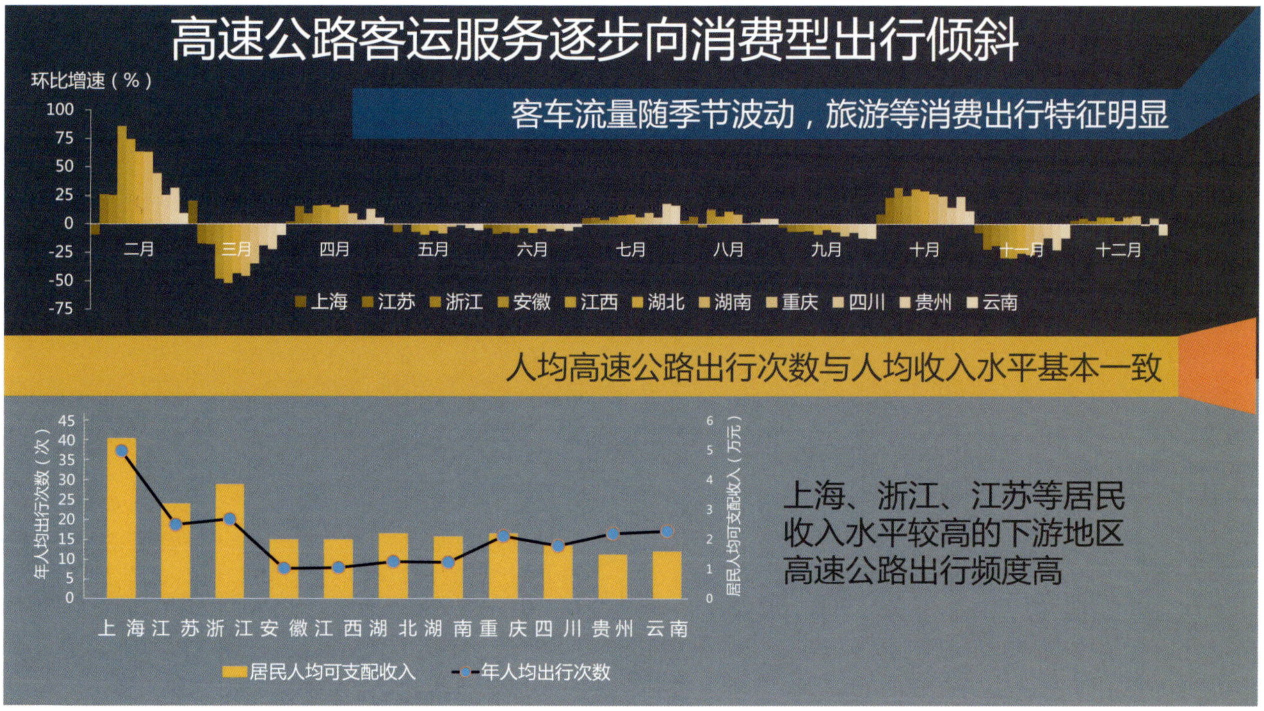

图 4–10　2—9 月长江经济带客车车流量的消费性出行特征

高速公路出行频度和距离与收入和支出水平高度一致。长江经济带高速客车出行频度（辆次）和距离随收入和支出水平增减的特征较为明显。人均收入和支出能力较高的上海、浙江、江苏，高速公路人均出行频度明显高于长江中上游省市。

5. 春运上下游人口动态迁移的特征明显

春运是人类历史上规模最大的周期性大迁徙，时长达 40 天，是涉及 30 多亿人次的人口迁移活动，长江经济带全程、饱和参与其中。由于铁路和航空运输的运能极限，加之私人小汽车的逐步普及，高速公路客运正逐步成为春运的又一主要方式。

专栏

2016 年春运相关数据

《人民日报》：火车依然是中长途首选，租车拼车也流行……关于春运，大家最关注什么？根据百度大数据，1 月 24 日春运首日手机百度用户搜索关键词的相对热度排名，前十大热词为火车票、12306、飞机票、高铁、租车、旅游、动车、春节放假、拼车、酒店。分地区看，西北地区的人最爱搜“火车票”，首先是甘肃，然后依次是陕西、新疆、青海、宁夏，这与当地交通设施的特点有关。在出行方式中，搜索热度仅次于火车的是飞机，“租车”、“拼车”也成为春运期间人们出行的重要选择。百度搜索数据显示，在内地省份中，天津的人最关心租车，上海次之，然后是北京、陕西、湖北。据了解，近期滴滴顺风车跨城订单量激增，日均预约订单量已经飙升至 7 万。滴滴顺风车相关负责人介绍，预约订单中节前出行里程超过 500 公里的订单数量最多，占总订单数量的 46.2%。顺风车已经成为火车、飞机、巴士等专业运力的有力补充。

交通运输部：广东、江苏、河南、四川、安徽、浙江、山东、湖南、河北、湖北春运出行量排名全国前10位，出行量占全国的62.1%。全国排名前10位的热点迁徙城市为：广州、深圳、北京、上海、成都、东莞、苏州、佛山、郑州、西安……旅客联程运输占比达四成。春运期间，旅客采用两种及以上交通方式的出行量占比40%。其中，铁路＋公路占19%，铁路＋小汽车占8%，道路客运＋小汽车占7%，铁路＋飞机占6%。单一方式中，铁路占33.9%，道路客运占30.6%，自驾车占25.3%，航空占7.2%，其他占2.9%。

资料来源：1.《大数据告诉你：2016年春运有什么特点？》；

2.《关于2016年春运服务体验调查与评估工作有关情况的报告》。

根据2016年2—3月高速公路数据显示，长江经济带高速公路交通量环比增幅平均提高了35%，比全国环比增幅高出3个百分点。各省（除上海市外）高速公路客车车流量均经历2月普遍急速增长、3月回归正常的过程，最高增幅均达到或超过60%，安徽和江西环比增长分别超过140%和130%。南北纵向京沪、京台、京港澳高速，东西沿江通道京昆、沪渝、沪蓉等高速增幅较大，中部省份高速公路春运压力较大。

考虑公路“门到门”的出行特点，重点监测节前7日经济带各省高速公路车流量高峰日情况，结果显示高速公路春运高峰期基本呈沿长江自下（游）至上（游）逐步延后、具有一定传递性的状态。上海、浙江等人口输入较大省市的高速公路出行峰值出现较早，一般出现在节前5天左右，安徽、湖南等省份出现在节前4天左右，上游的重庆、四川等人口输出大省一般出现在节前2天（甚至是除夕）。除夕是节前出行普遍较低的一天，而大年初一的高速公路出行则呈现出区域差异。上海、浙江、江苏、安徽、湖南、重庆等经济发展较好省市的高速公路车流量呈现反弹的态势，而四川省高速公路出行则继续下降。

专栏

中国流动人口特征

根据《中国流动人口发展报告2016》，我国每6人中就有1人为流动人口，流动人口总数达到2.47亿人的规模，其中74.7%集中在东部地区。

从区域角度来看，近年来流入人口主要集中在珠三角、长三角、京津冀三大都市圈，并且人口流入重心已经从珠三角北移到长三角地区，长江经济带沿江各省市是我国人口流入和迁出最为典型的区域。

数据显示，人口流入排名前3的省市（上海、北京和浙江）中长江经济带占据了2个，人口迁出排名前3省份（安徽、江西、贵州）全部来自于长江经济带覆盖省份，此外其他几个主要的人口流出地中也以长江经济带沿线省份为主（河南、湖北、湖南、广西、四川、重庆）。

资料来源：1.《大数据告诉你：2016年春运有什么特点？》；

2.《关于2016年春运服务体验调查与评估工作有关情况的报告》；

3.《中国流动人口发展报告2016》。

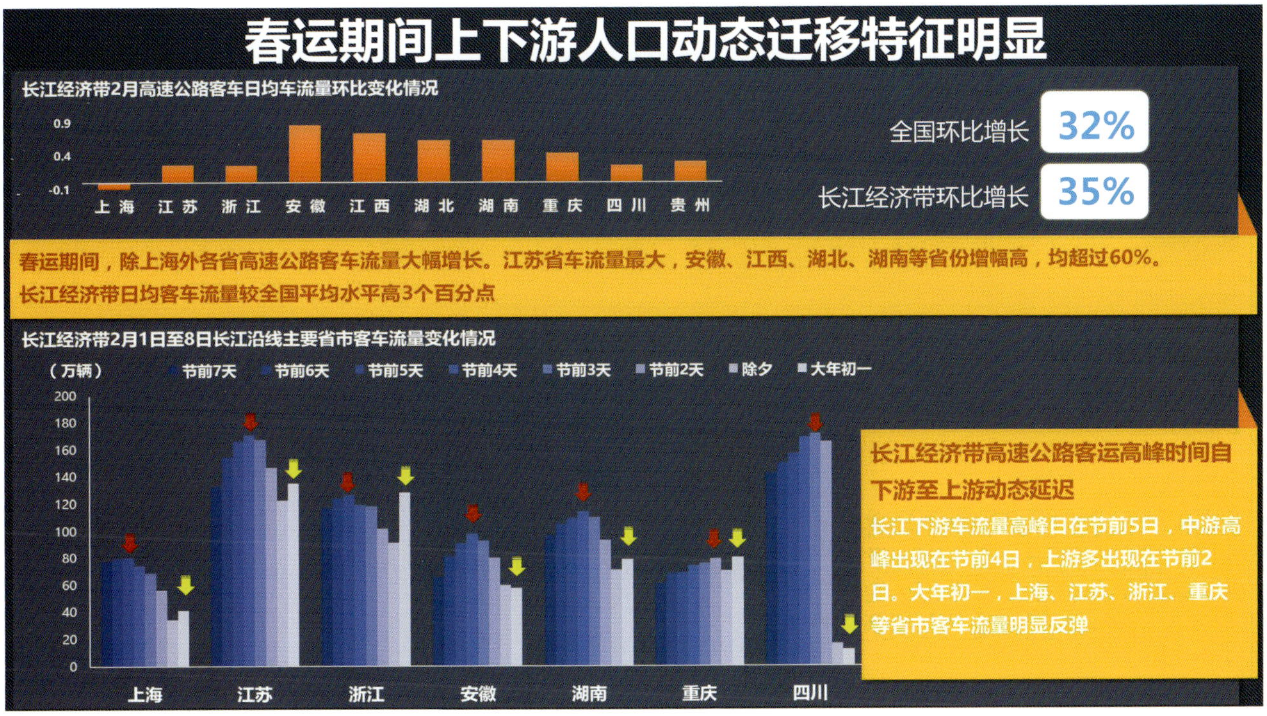

图 4-11　长江经济带高速公路春运特征分析

二、长江经济带高速公路运行基本概况

1. 综合运输运行特征分析

（1）铁路发展对高速公路旅客运输产生重要影响

受高铁影响，长江中下游省市大中型客车承载客运量明显下降。如表 4-3 所示，其中车型二最为明显，车型三和车型四在中下游省份出现普遍下滑。其中湖北省车型二和车型四高速公路客运量分别下滑 75% 和 12%，江苏省车型三高速公路客运量下滑约 17%。而在西部地区，高速公路运行中的中大型客车承载客运量影响较弱，甚至有较大提升，比较典型的是四川省。

表 4-3　长江经济带 2016 年不同客车车型承载客运量同比增速（%）

区划	车型一（7 座以下）	车型二（8~19 座）	车型三（20~39 座）	车型四（40 座以上）
上海	13.98	-4.44	5.81	-0.38
江苏	8.73	-0.16	-16.84	2.45
浙江	12.00	3.77	-7.66	-3.57
安徽	21.76	2.26	-5.71	-0.51
江西	17.20	-8.45	-3.03	1.52
湖南	11.36	2.57	-0.93	3.91
重庆	16.37	-1.71	-8.42	42.53
四川	47.99	48.39	103.10	55.97

专栏 2010—2015 年长江经济带省份铁路、公路、水路客运量占比变化情况

2015 年长江经济带铁路客运占比较 2010 年提高了 6.1%，而公路客运量则下降了 6.84%。随着长江经济带东西沪渝客专、沪昆高铁，南北京沪、成渝高铁等铁路的贯通，中长途公路客运部分客流逐步转向高铁或城际铁路。

区　划	铁路（%）	公路（%）	水运（%）
长三角	6.10	-6.84	0.75
上　海	10.45	-8.31	-2.14
江　苏	7.36	-8.86	1.50
浙　江	10.11	-12.17	2.06
安　徽	6.37	-6.49	0.13
江　西	6.24	-6.38	0.21
湖　北	7.42	-7.61	0.28
湖　南	3.37	-3.95	0.70
重　庆	4.30	-4.46	0.26
四　川	3.40	-4.29	1.09
贵　州	0.75	-0.33	-0.22
云　南	1.89	-2.40	0.79

资料来源：《中国统计年鉴（2011）》、《中国统计年鉴（2016）》。

高速公路货运量在综合货物运输中占比呈现增长趋势。①尽管近年来长江经济带省市公路货运量占综合运输比重大多处于下降趋势，但高速公路在综合货物运输中的作用在逐渐增强。2014—2015 年，除浙江外，其他沿江省份高速公路货运量占综合运输的比重均出现增长态势。其中增幅最快的为湖北、江西，分别达到 16% 和 11%。

① 本部分采用 2015 年数据，缺少上海、贵州、云南等省高速公路货运发送量数据。

注：无上海数据，无云南、贵州 2014—2015 年数据。

图 4-12　长江经济带 2014—2016 年高速货运占综合货运比重变化情况

专栏

2010—2015 年长江经济带省份铁路、公路、水路货运量占比变化情况

从长江经济带综合运输各运输方式所占比重来看，大部分省市公路运输占比处于下行趋势，而水路运输占比逐年升高。黄金水道的先天优势，在长江经济带综合运输体系中的作用越来越重要。铁路近年来货运量呈现全面持续下降趋势。江苏、安徽公路货物运输占比下滑较为严重，降幅均超过 10%，但两省水路运输发展迅速，内河水运占综合运输比重升幅也均超过 10%。而在西部地区，由于长江流域的运输能力所限，公路货运则呈现出较强劲的发展态势，贵州、云南分别增长 14% 和 6%，铁路货物运输正相反，分别下滑了 14% 和 6%。

区划	铁路（%）	公路（%）	水路（%）
上海	-0.6	-2.2	2.7
江苏	-1.1	-12.0	13.2
浙江	-0.6	0.4	0.2
安徽	-2.4	-13.8	16.2
江西	-2.6	0.7	1.9
湖北	-4.0	-0.8	4.8
湖南	-1.9	0.9	1.0

续表

区划	铁路（%）	公路（%）	水路（%）
重庆	-1.0	-1.6	2.6
四川	-1.3	-0.4	1.7
贵州	-13.3	13.9	-0.6
云南	-5.9	6.2	-0.3

资料来源：《中国统计年鉴（2011）》、《中国统计年鉴（2016）》。

（2）苏、浙两省高速货运在综合运输体系中作用突出

高速公路在苏、浙两省综合货运运输体系中扮演了极为重要的角色，两省公路货运占综合运输[①]比例虽低，但高速公路在综合货物运输中的占比高达36%和45%，与内河航运的综合运输占比基本相当；与之相反的是，安徽作为长江经济带承载综合货运规模的最高省份（达43.3亿吨），高速公路货运占比仅为8%，但水运运量却是沿江各省市最高的，其内河航运占比仅次于浙江、江苏两省。

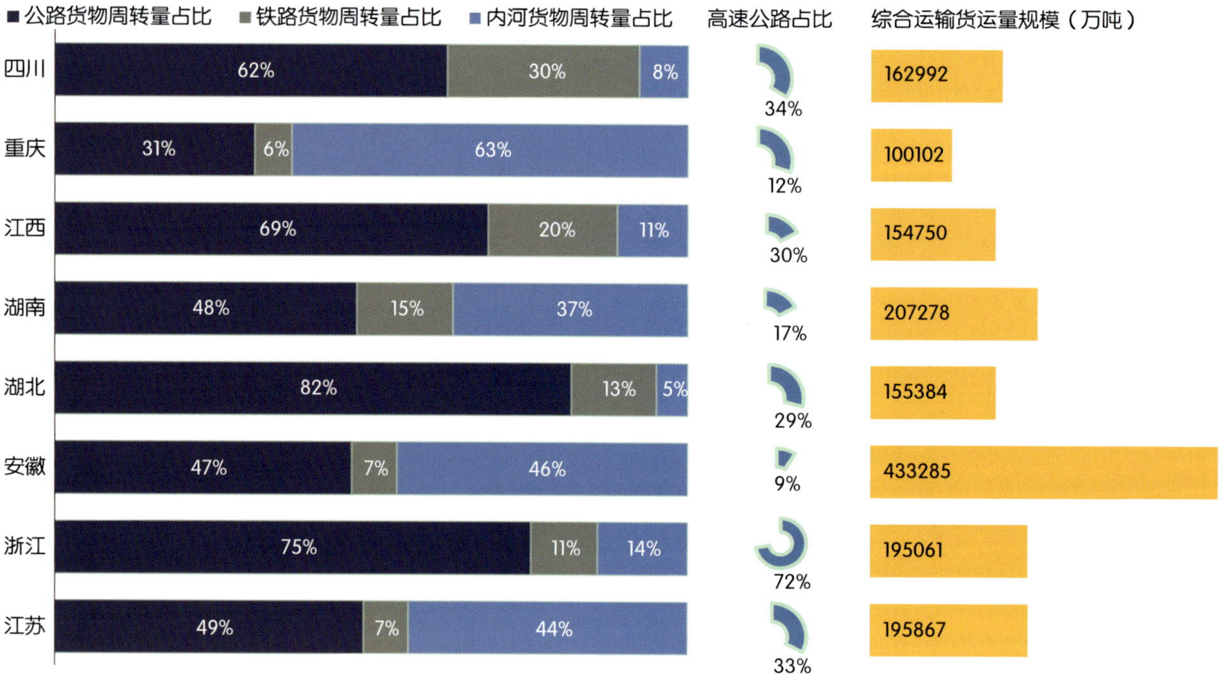

图4-13　长江经济带各省市高速公路货运占综合运输体系比重

2. 基本运行特征分析

（1）空间分布：高速公路交通重要汇集带，上下游承压差异大。

从分区域高速公路单位平方公里承载月均客货车流量总体呈自上游至下游逐步升高的态势，下游承压远高于中上游，上海每平方公里承担的月均车流量是云南省的70倍。

① 公路、铁路、水路采用2014年数据。

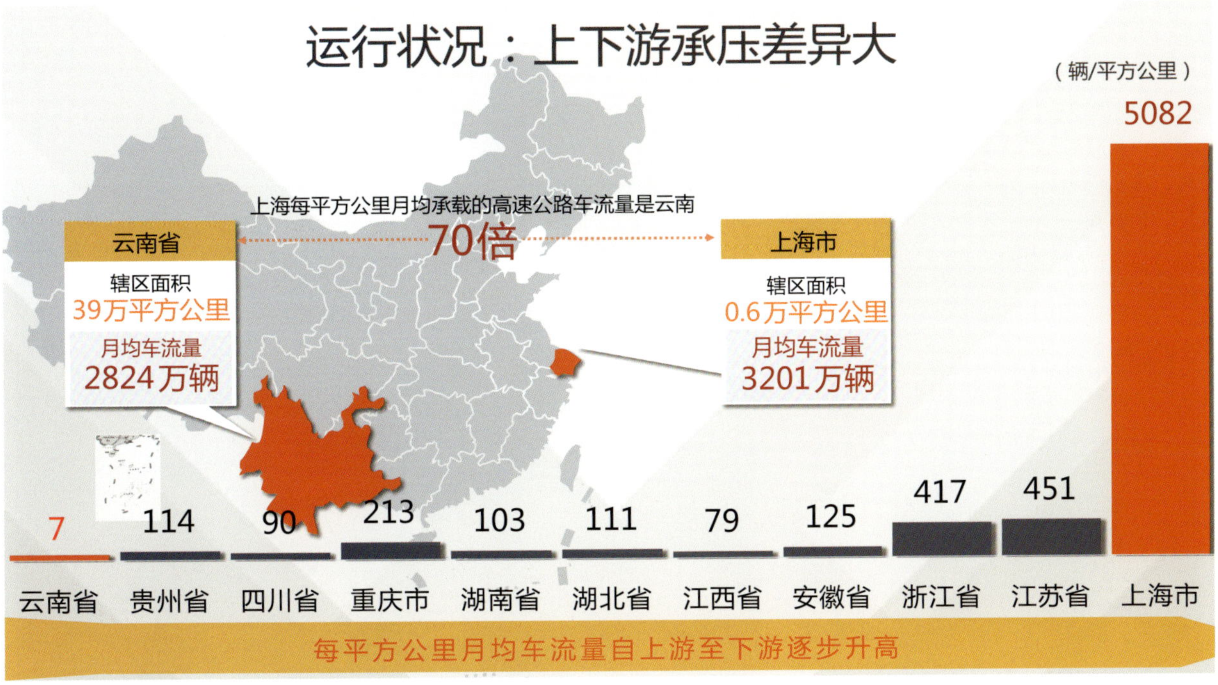

图 4-14　长江经济带省市每平方公里承载月均车流量比较

从路网拥挤度来看，直辖市或省会城市间沟通线路、直辖市或省会城市外围环线以及通往重要港口和口岸周边高速公路拥挤程度较高。高速公路中拥挤度在 90% 以上的里程占比为 8.8%。总体来看，长江上游省市路网拥挤度较高，长江中游和下游省份拥挤度高的路段占比较低。

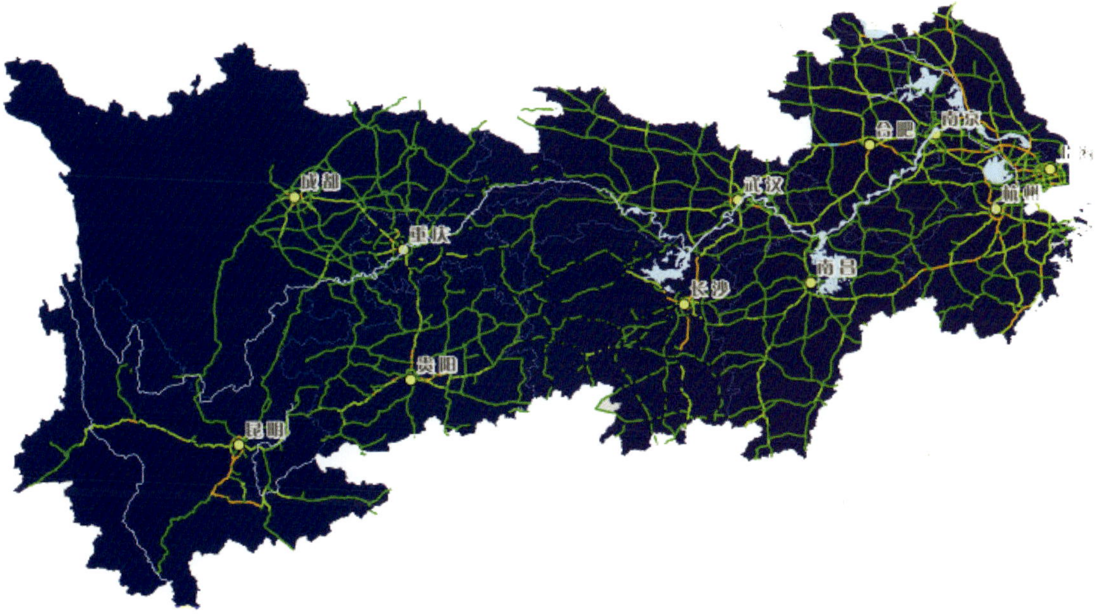

图 4-15　长江经济带高速公路网拥挤度分布

（2）对外沟通：河南、山东、广东与长江经济带省份交互量大。

长江经济带通过内河航运延伸至内陆的沿海经济优势明显，长江三角洲的沿海经济中心吸引了长江以北大部分省份的车流量，而围绕珠三角的沿海经济中心因距离的劣势，承接北向的车流量则相对较弱。以周边省份进出长江经济带车流量为例，长江经济带南向联系要弱于北向，北向进出车流量是南向的 1.9 倍。具体来看，河南、山东、广东是进出长江经济带最多的省份，3 省进出长江经济带的车流量分别占进出长江经济带车流量的 32%、23% 和 18%，甘肃省与长江经济带的交互较少，仅占 1%。

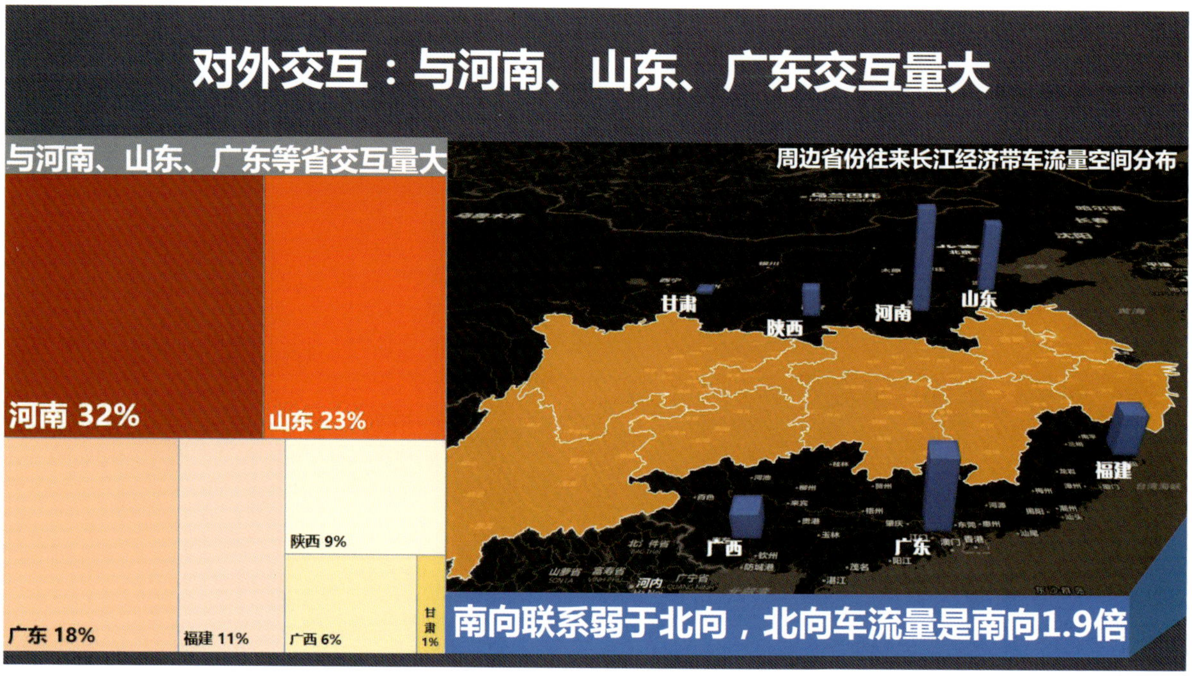

图 4–16　周边省份往来长江经济带车流量空间分布

（3）内部沟通：上游内通、中游过境、下游交互。

长江经济带各省市间交互呈现上游内通、中游过境、下游交互的特征。从车辆往来情况来看，上游省内车流量占比更高，中游跨省车流量占比较高，下游出入省车流量占比较高。

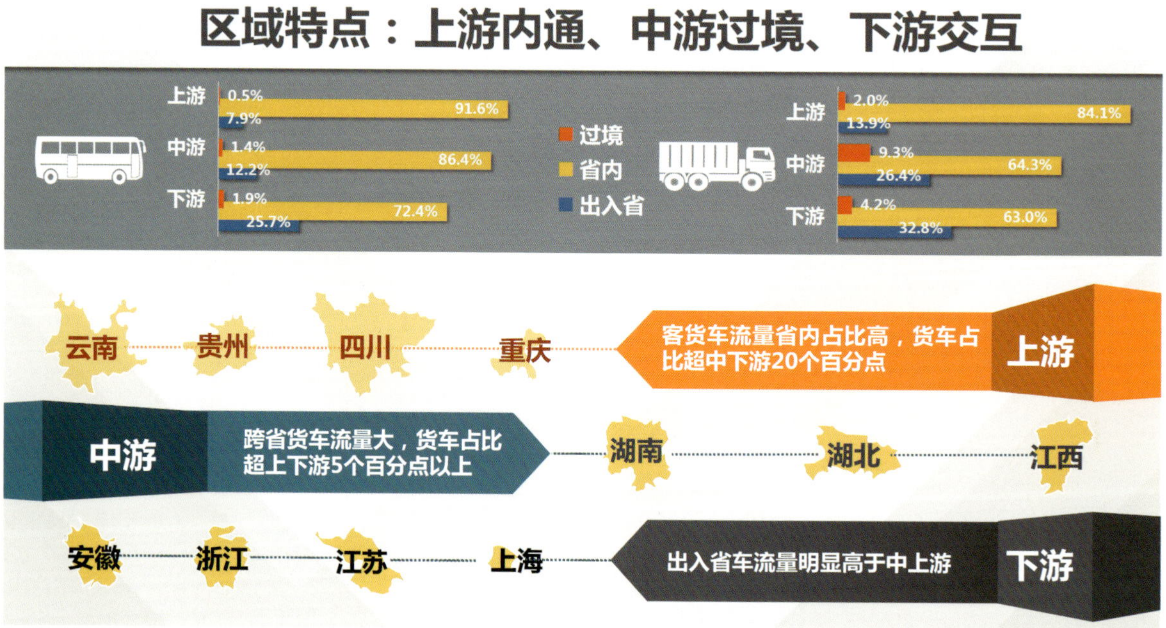

图 4–17　上、中、下游省份不同交互方式的车流量占比

从车籍地角度看，上游高速公路客车车流量中本地车均占主体，中下游省份本地客车车流量占比明显低于上游，货车本地车的车流量也以上游为高。

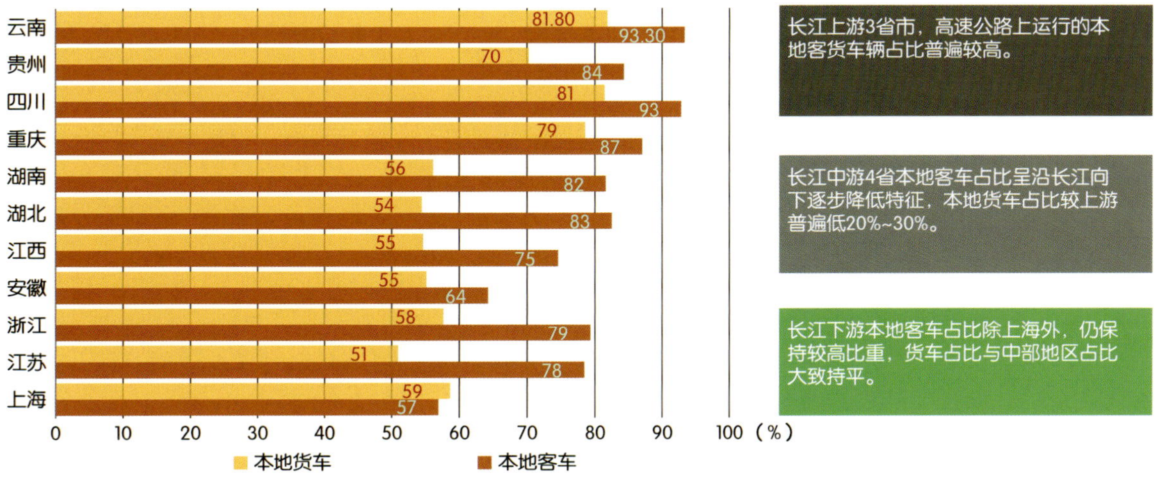

图 4-18 各省高速公路客货车流量中本地车占比

长江经济带各省与周边省份交互（进出）各有特点：进出上海的高速公路车辆中，75% 以上来自江苏；进出浙江的高速公路车辆中，上海、江苏、安徽平分秋色，福建进出浙江的车辆占比相对较低；湖南的车辆主要往来广东、湖北和江西 3 省，贵州、广西和重庆的车辆占比较少。

（4）客货结构：上游客车车流量占比偏高，省界收费站货车车流量普遍较大。

长江经济带高速公路客、货车车流量分别达到 28.9 亿辆次和 7.8 亿辆次，长江上游云南、贵州、四川、重庆等省份拉高了长江经济带整体客、货车流量比，长江经济带车流量客货比达到 3.7，远高于全国 3.3 的平均水平。

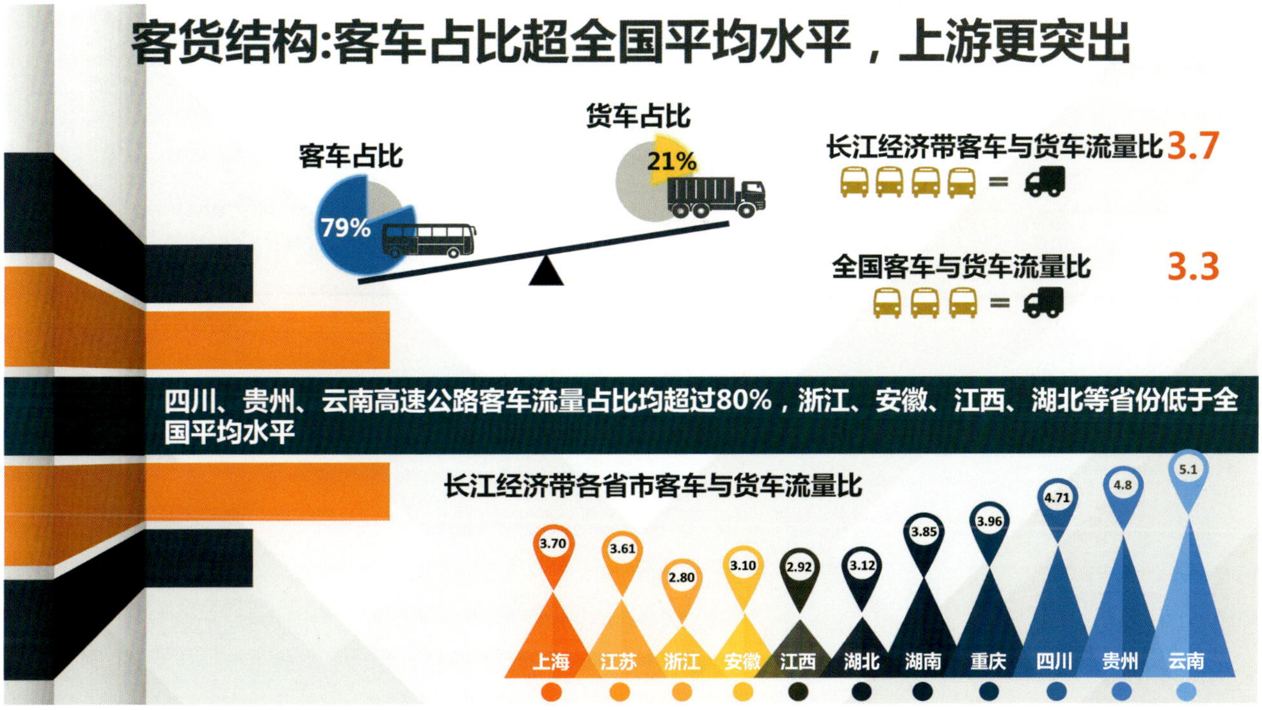

图 4-19 长江经济带月均客货车车流量占比

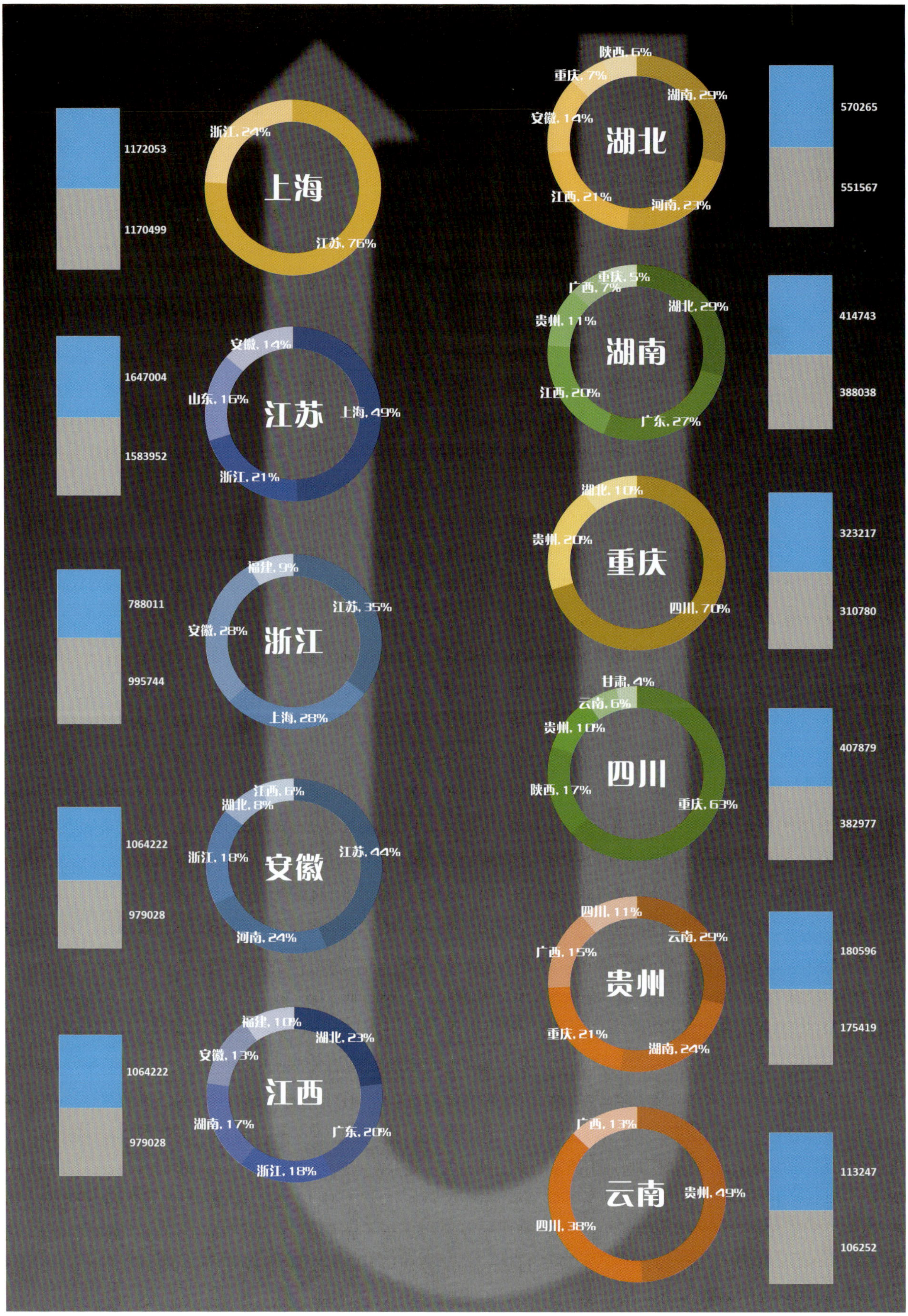

图 4-20　长江经济带各省市高速公路车辆主要流向占比

各省交界货车交互频繁，省界站货车车流量较省内收费站要高。9 月第一周省界收费站货车车流量占比要比当月全境货车车流量占比高出约 10 个百分点，比全年全境货车车流量占比高出 12 个百分点。

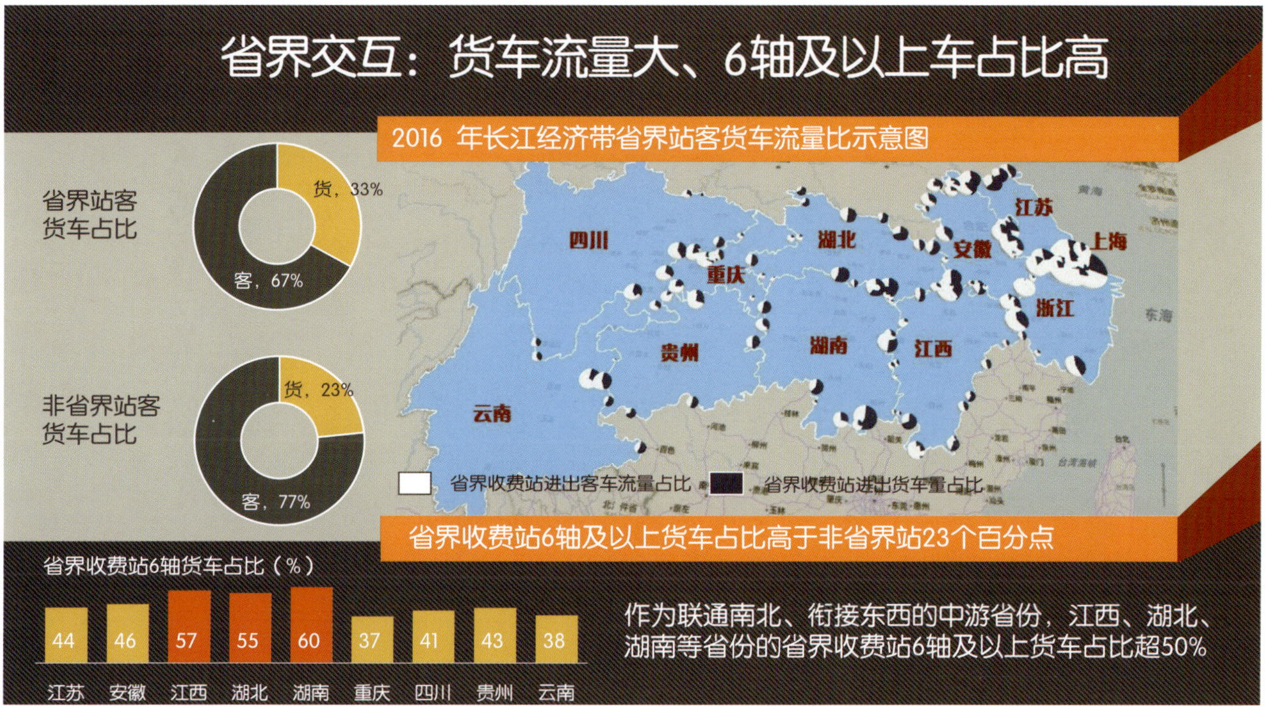

图 4–21 长江经济带省界收费站客货车车流量占比

（5）车型结构：货车结构较客车结构的区域特征更为明显。

客车车流量中小型车是主体，沿江各省市占比均超过 90%，平均值达到 95%，分车型客车车流量地域差异并不明显。各省市车型二、车型三和车型四的占比之和均未超过 10%。

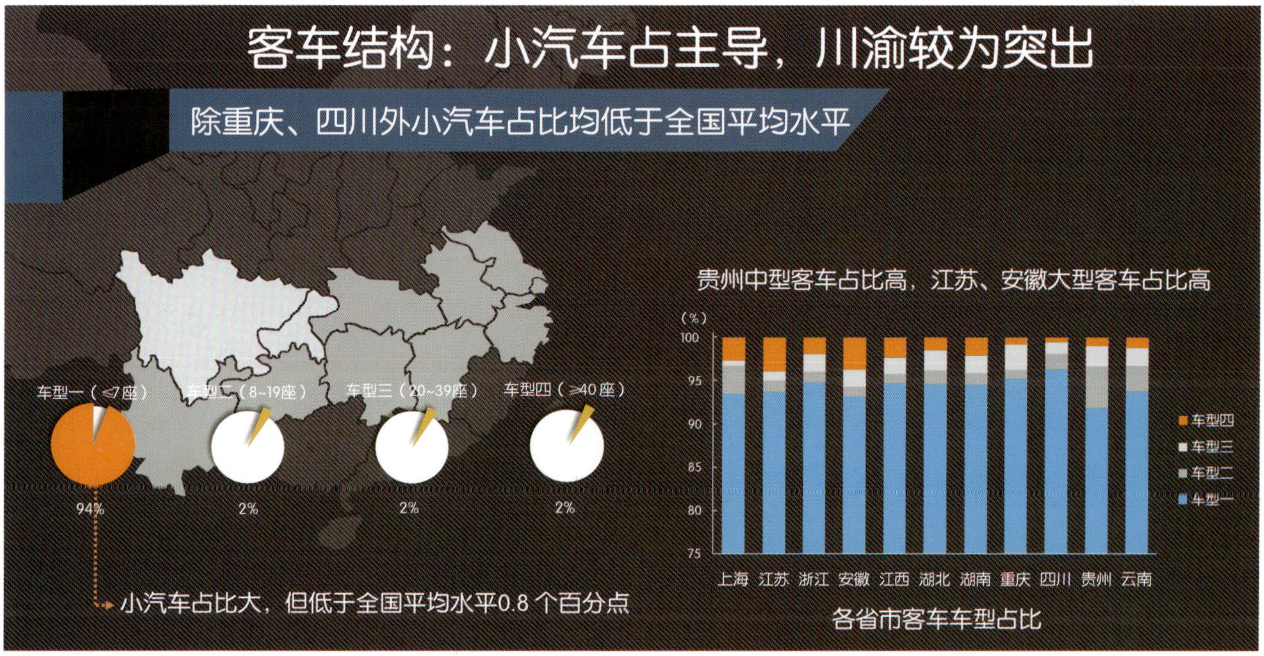

图 4–22 长江经济带各省市客车车型车流量占比

从平均水平来看，沿江省市货车分车型各轴型货车车流量2轴货车占比54%，4轴以上货车占比38%，3轴货车占比仅8%。从区域分布来看，具有一定的阶梯特点，受地理环境和经济发展等多重影响，经济发展较好区域的下游和中游省份大、重型货车车流量比重相对较高，而上游地区大型货车车流量相对低一些，如贵州省6轴以上货车车流量占比不足20%，而安徽省则达到了40%。

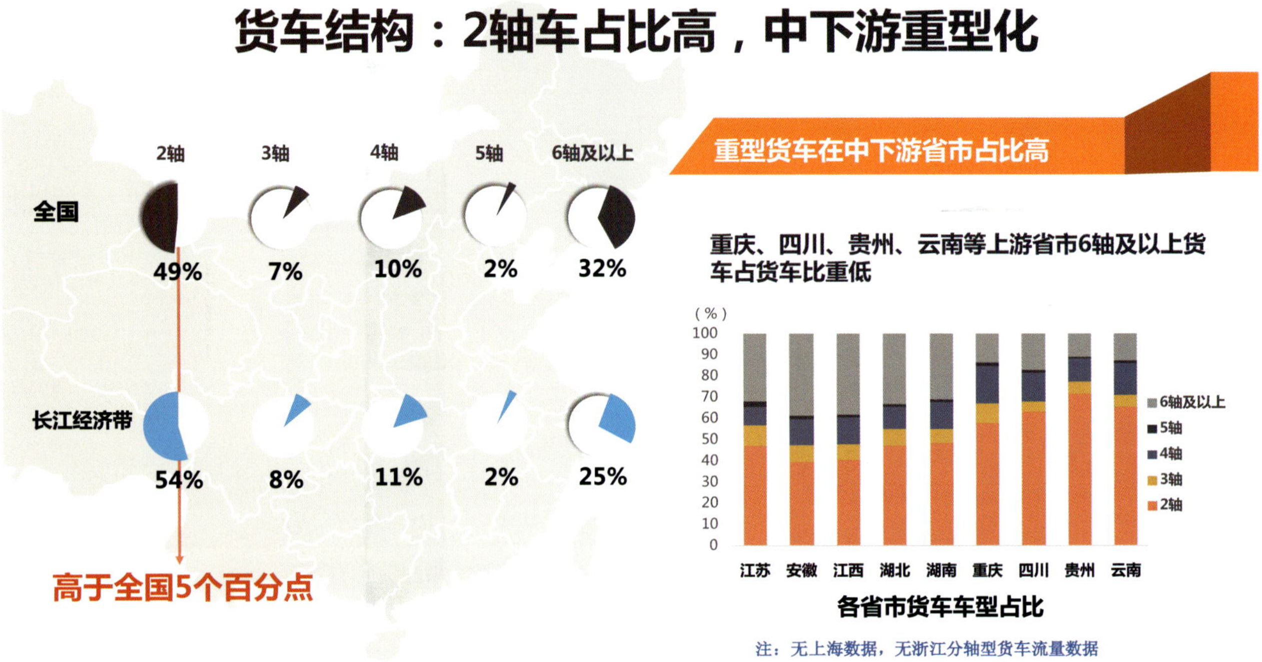

图4-23 长江经济带各省市不同客、货车车型车流量占比

（6）时间波动：沿江省份客货车月度波动基本一致。

通过跟踪长江经济带各省市不同客、货车型的高速公路流量数据，显示客、货车流量的月度波动尽管波动幅度有所差异，但波动趋势基本一致。但是，超大型城市上海市客车波动较其他省市较为平缓，而在春节期间中小型客车的波动趋势呈现出与其他省市背向发展的态势。

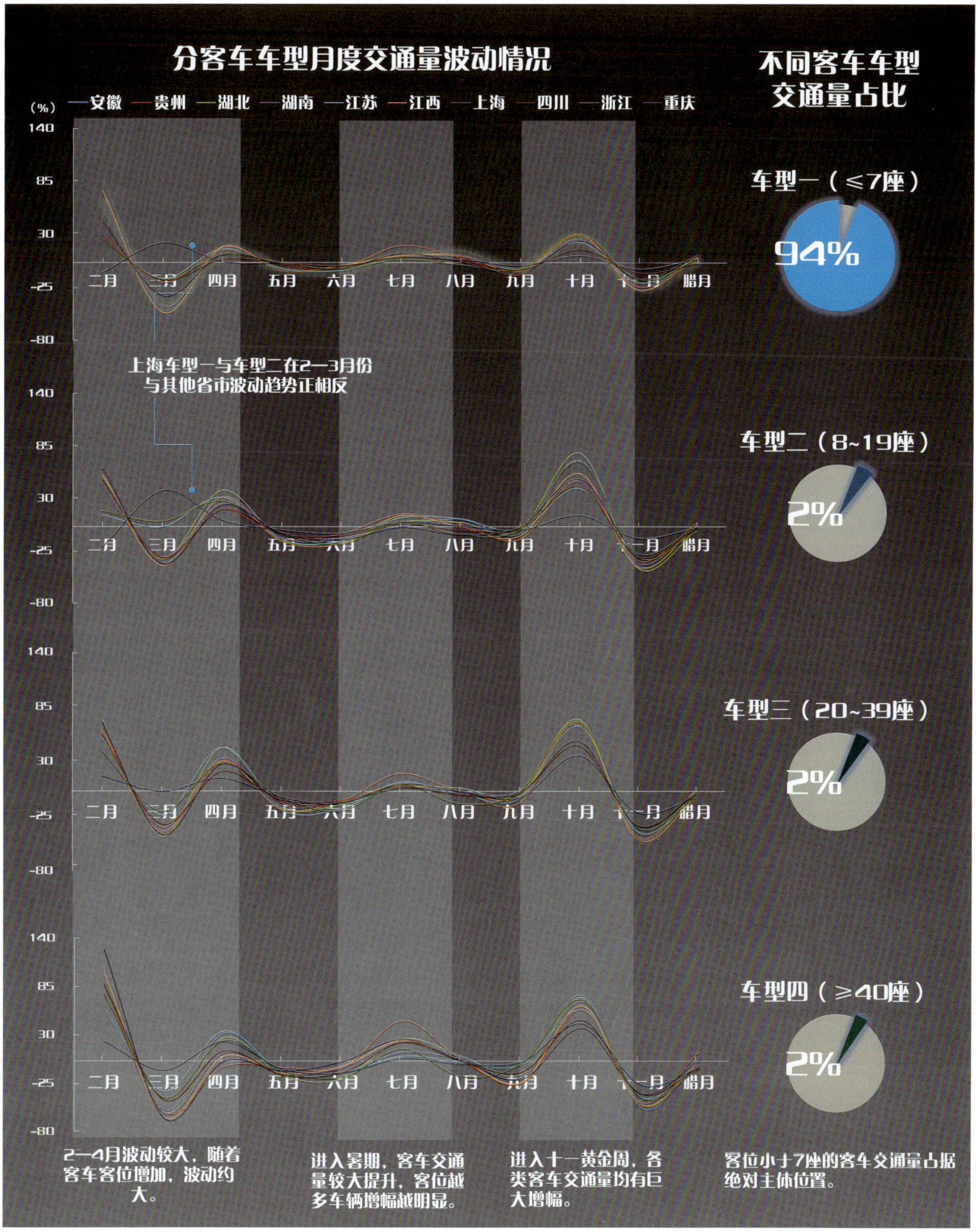

图 4-24 长江经济带各省市不同车型客车流量占比

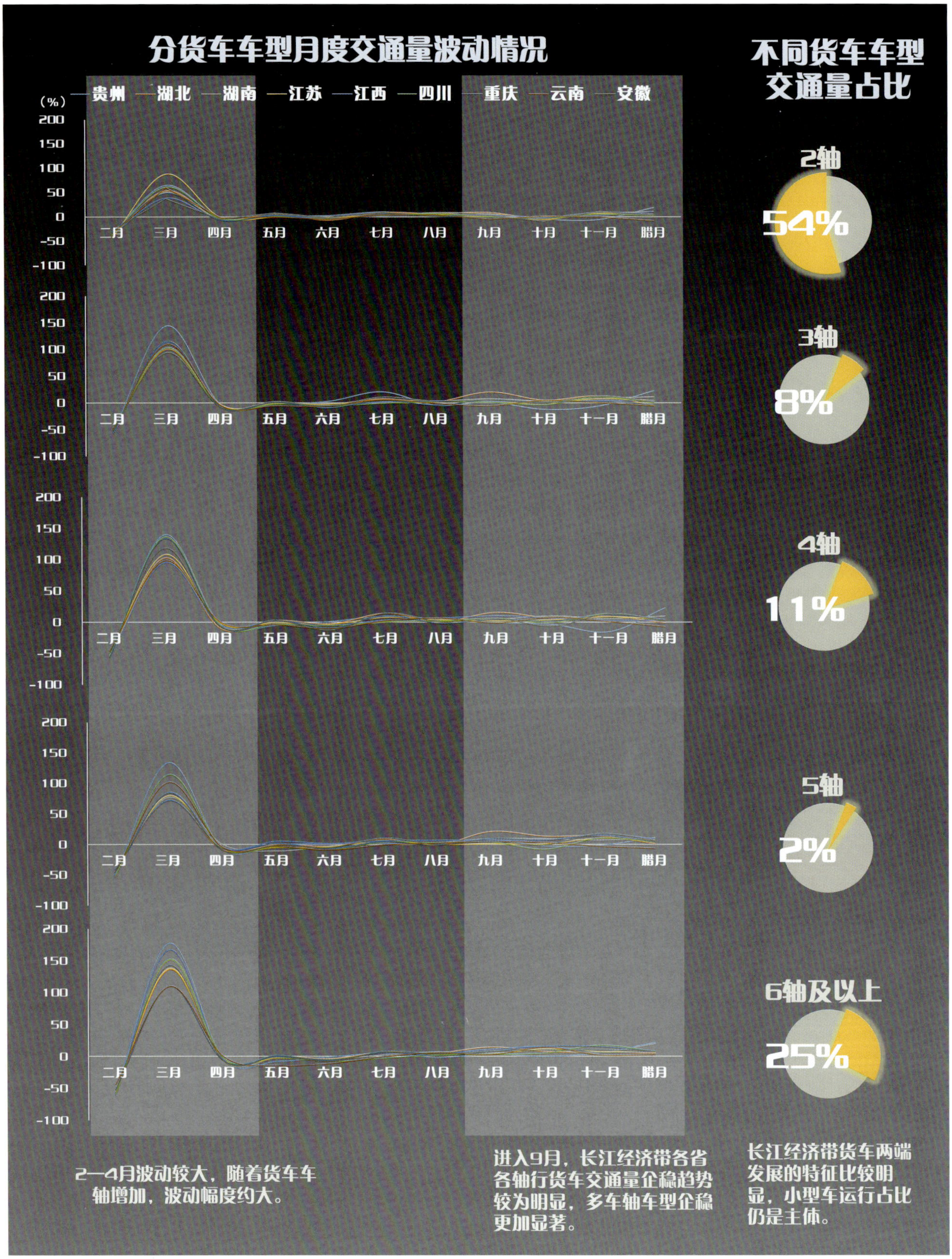

图 4-25　长江经济带各省市不同轴型货车流量占比

第五章　热点聚焦

一、高速公路 ETC 使用效率分析

1. 全国 ETC 实现联网，覆盖范围和使用效率明显提升

2014 年 3 月 7 日，交通运输部下发《关于开展全国高速公路电子不停车收费联网工作的通知》，正式启动全国高速公路ETC(电子不停车收费系统)联网工作；2015年9月28日，随着内蒙古、黑龙江、广西、新疆 4 省区加入高速公路电子不停车收费（ETC）网，全国 ETC 联网目标基本实现，ETC 的覆盖范围和使用率明显提升。

专栏

我国高速公路 ETC 发展历程

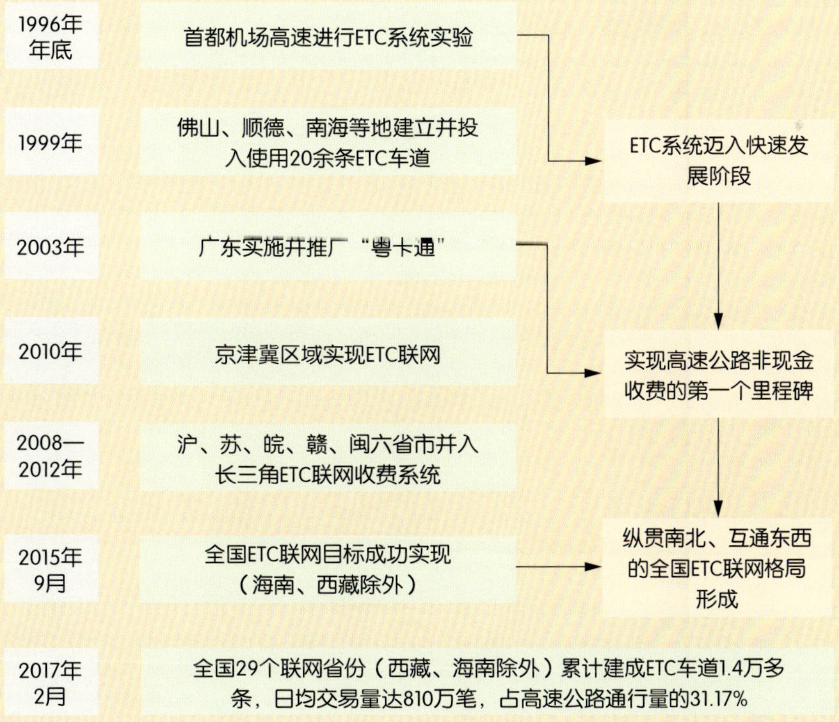
1996年年底
首都机场高速进行ETC系统实验
1999年
佛山、顺德、南海等地建立并投入使用20余条ETC车道
ETC系统迈入快速发展阶段
2003年
广东实施并推广“粤卡通”
2010年
京津冀区域实现ETC联网
实现高速公路非现金收费的第一个里程碑
2008—2012年
沪、苏、皖、赣、闽六省市并入长三角ETC联网收费系统
2015年9月
全国ETC联网目标成功实现（海南、西藏除外）
纵贯南北、互通东西的全国ETC联网格局形成
2017年2月
全国29个联网省份（西藏、海南除外）累计建成ETC车道1.4万多条，日均交易量达810万笔，占高速公路通行量的31.17%

专栏

全国高速公路 ETC 联网工程的启动和实施

2014 年 3 月 7 日，交通运输部发出《关于开展全国高速公路电子不停车收费联网工作的通知》，将分期分批、有步骤地推进全国 ETC 联网工程实施。

第一阶段（2014 年 6 月底前），京、津、冀、晋、辽、沪、苏、浙、皖、赣、闽、鲁、陕 13 省市完成联网，其余省份于 2015 年基本完成联网。

第二阶段（2014 年 12 月底前），京、津、冀、晋、辽、沪、苏、浙、皖、赣、闽、鲁、陕 13 省市联网开通。

第三阶段（2015 年 9 月底前），尚未实现联网的其他省份联网开通。

第四阶段（2015 年 12 月底前），制定全国 ETC 联网运营与服务评价体系，对全国 ETC 联网实施工作进行总结评估，制定下一阶段 ETC 发展规划。

2015 年 9 月 28 日，高速 ETC 系统基本实现全国联网，交通运输部提前完成了确定的更加贴近民生的实事之一。

截至 2016 年年底，全国 29 个联网省份（西藏、海南除外）累计建成 ETC 专用车道 1.4 万条；建成自营服务网点 1115 个、合作代理网点 38617 个，县（区）级已全部覆盖；ETC 用户数突破了 4767 万户，交易量日均 810 万笔，占高速公路通行量的 31.17%。

2. 客车 ETC 使用率[①]明显提升，货车 ETC 使用仍存在技术难关

客车一直是我国高速公路 ETC 的使用主体。截至 2016 年 12 月，高速公路客车 ETC 使用率达 34%，较全国 ETC 联网前提高了 8 个百分点。其中，小型客车（≤ 7 座）、大中型客车（>7 座）ETC 使用率分别为 33.3% 和 54.2%，较联网前分别提高 8.4 个和 2.7 个百分点，小型客车 ETC 使用率提高更为明显。

绕城高速、机场高速小型客车 ETC 使用率更高。为有效吸引车辆通行绕城高速、机场高速，缓解城区交通压力，全国各地市实施多种优惠措施。例如，陕西省对西安籍小型客车通行绕城高速、机场专线实行通行费包缴政策，充分发挥了 ETC 系统通行速度快、通行效率高的优势，有效缓解了城区内交通压力。2016 年 12 月，西安绕城高速 ETC 专用车道的通行车辆超过了 212 万辆，机场专线 ETC 专用道通行车辆近 66 万辆，客车 ETC 使用率高达 63% 和 58%，分别高出西安境内高速公路客车 ETC 使用率平均水平 16 个百分点和 11 个百分点。

与客车相比，由于现有高速公路计重收费系统尚无法实现不停车计重、收费，货车 ETC 使用率仅为 0.3%。考虑到货车本身通行效率较低，能耗污染水平较高，还需破解技术难题，进一步提高高速公路通行效率。

---

① ETC 使用率为使用 ETC 的车流量 / 总车流量，客车 ETC 使用率为使用 ETC 的客车流量 / 总客车流量。

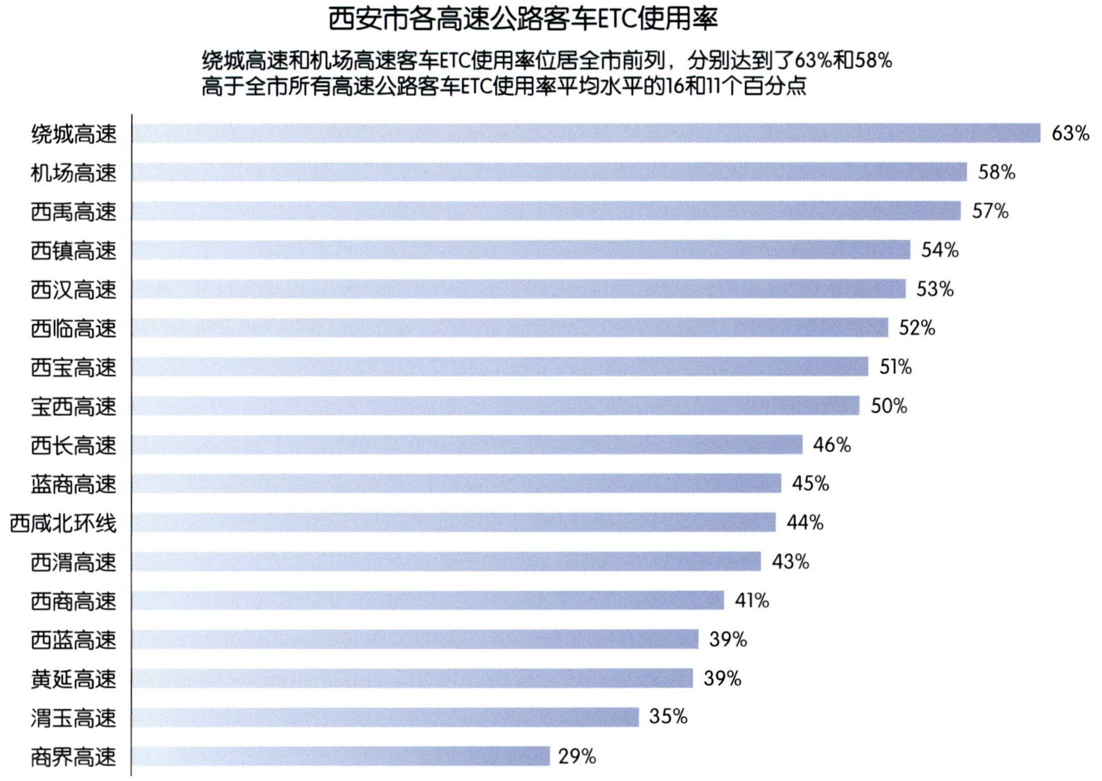

图 5-1 西安市各高速公路客车 ETC 使用率

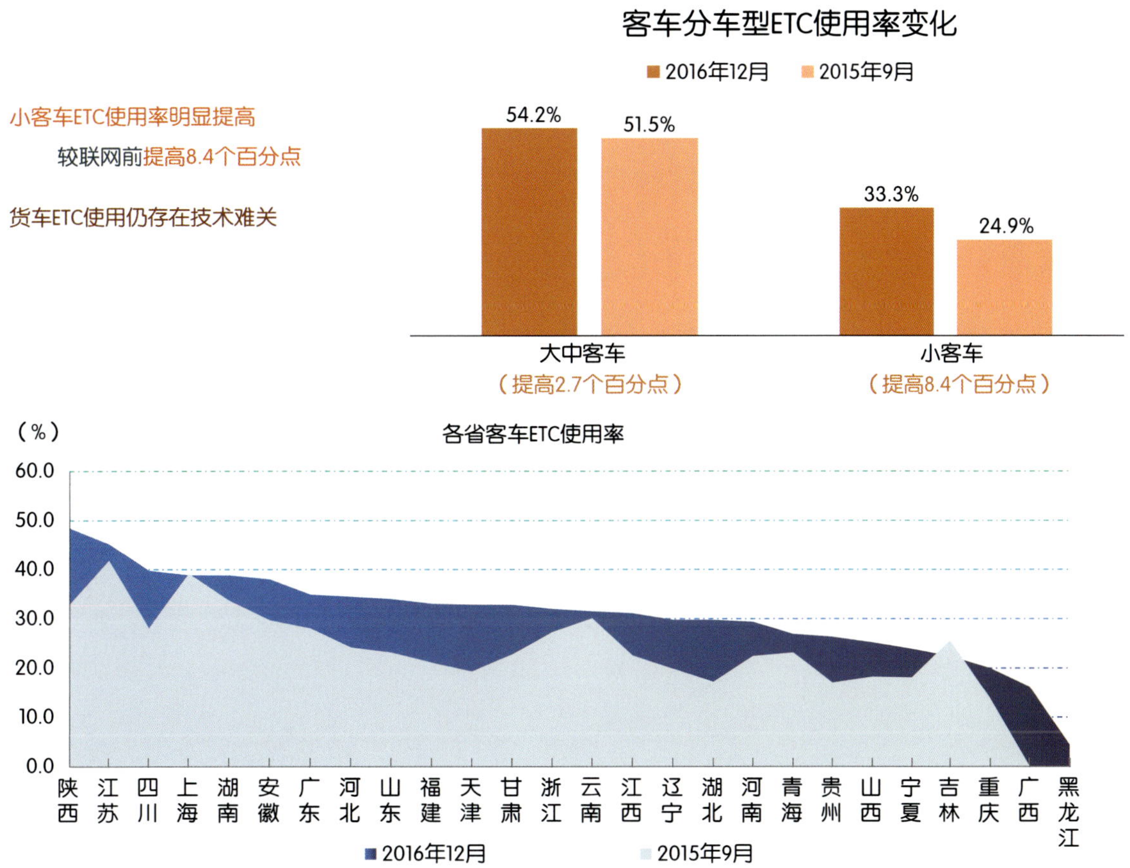

图 5-2 全国 ETC 联网前后高速公路客车 ETC 使用率对比

3. 客车 ETC 使用率区域差异较小，省份间差异明显

从全国高速公路 ETC 的使用情况来看，客车 ETC 的使用率与区域经济发展水平和机动化水平等存在一定的弱相关性。分区域看，东、中、西部地区客车 ETC 使用率分别为 36%、32% 和 32%；分城市看，一线、二线、三线、四线城市客车 ETC 使用率分别为 39%、38%、33% 和 31%。

从省份来看，客车 ETC 使用率具有明显的差异性。数据显示，较早推广 ETC 使用的陕西、江苏，客车 ETC 使用率为 48.3% 和 45%，分别超过全国平均水平 14.3 个和 11.0 个百分点，在全国客车 ETC 使用率排名前 10 的城市中，陕西和江苏分别占 2 个和 6 个；而广西、黑龙江 ETC 建设起步晚的省区客车 ETC 使用率仅分别为 16% 和 4%。

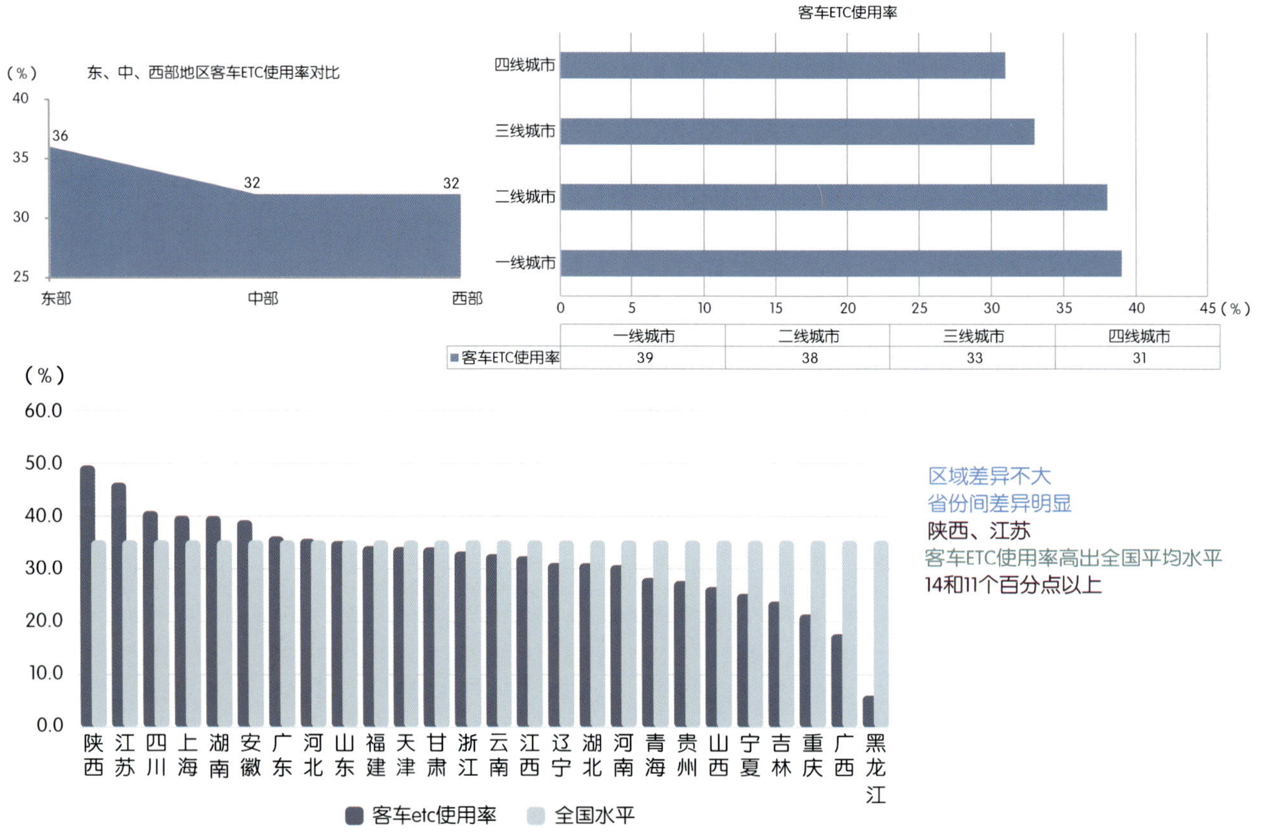

图 5-3 客车 ETC 使用率特征

4.ETC 专用车道通行效率较高，拥堵状态下尤为突出

为验证 ETC 在提升高速公路通行效率方面的作用，对全国 100 个大型收费站通行数据进行了分析，初步证明，高峰时段 ETC 车道收费闸机每分钟最多可通过 10~15 辆车，人工车道（MTC）收费闸机每分钟可通过 3~4 辆车，ETC 车道通行效率基本是人工车道的 3~5 倍。

ETC 车辆在收费广场排队时间节约更明显。对北京—河北的主线收费站（香河收费站）双向收费广场 400 辆通行车辆现场调查发现，拥堵状态 ETC 车辆在收费广场的排队等待时间仅为非 ETC 车辆的 1/9，且收费广场车辆排队队伍越长，ETC 车辆节约的排队等待时间越多，说明 ETC 车辆在收费广场通行时的时间节约优势越突出。

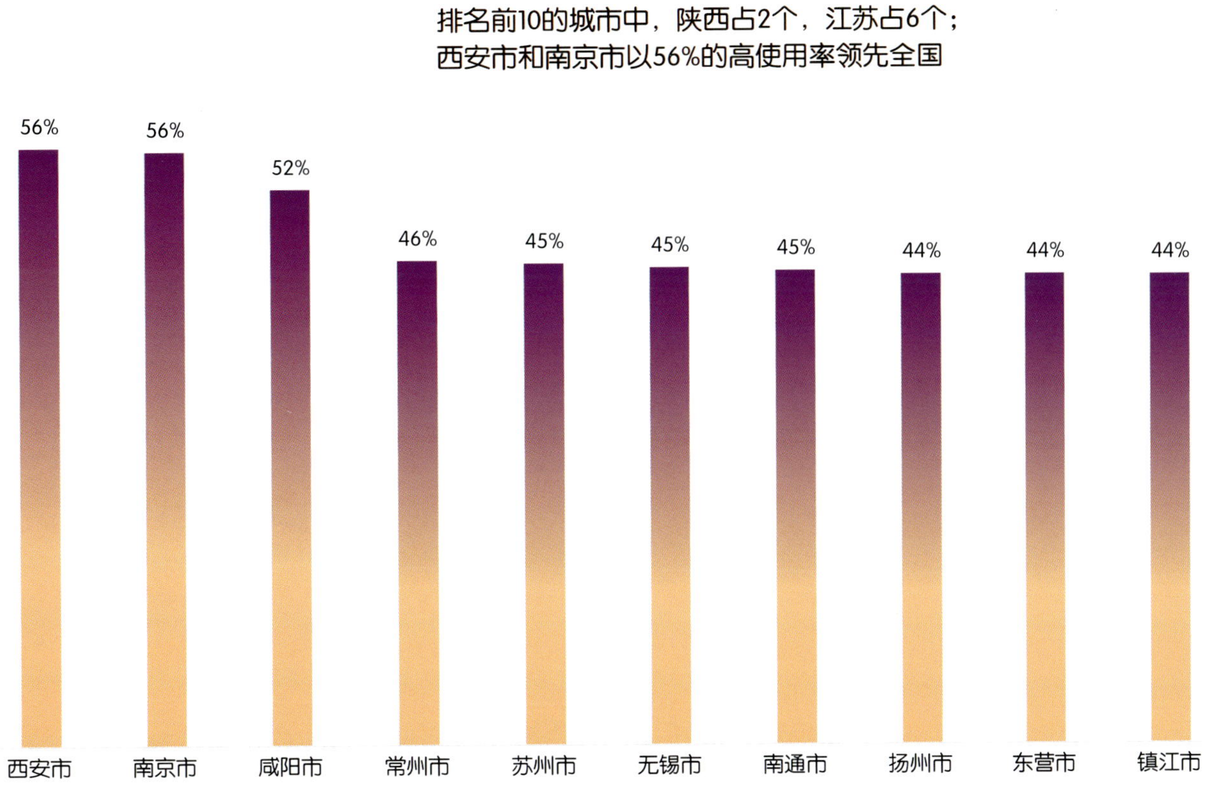

图 5-4　全国城市客车 ETC 使用率 TOP 10

表 5-1　不同状态 ETC 车辆和非 ETC 车辆收费广场排队时间

通行状态	ETC 车辆（秒）	非 ETC 车辆（秒）	排队时间
拥堵状态	18	160	9 ： 1
非拥堵状态	15	58	4 ： 1

注：拥堵状态为高速公路收费车道平均排队 10 辆车以上；非拥堵状态为收费车道平均排队 3 辆车及以下。

专栏　ETC 减少车辆排队时间、节能减排效果显著

ETC 使用最直接的效益是减少排队等待时间、节约服务时间、减少能源消耗、降低因拥堵带来的交通安全事故成本等。

经测算，全国 ETC 联网运行 17 个月来，共节约车辆燃油约 12 万吨，能源节约效益约 10 亿元，减少氮氧化物排放约 283 吨、碳氢化合物排放约 942 吨、一氧化碳排放约 3.54 万吨、二氧化碳排放量约 33.4 万吨，驾驶员及社会效益突出。

5. 高速公路收费站车流量越大，ETC 发挥的作用越明显

26 个省 7000 多个收费站的通行数据表明：ETC 车道与人工车道的使用强度比[①]与收费站车流量总体呈正比关系：当收费站日均车流量大于 2000 辆时，ETC 车道使用强度高于人工车道；当收费站日均车流量大于 2 万辆时，ETC 车道的使用强度是人工车道的 4 倍，说明收费站车流量越大，ETC 车道发挥的作用越大。

从省份对比看，黑龙江、广西、宁夏等中西部地区省份 ETC 车道使用强度较低，ETC 车道使用强度最高的省份（上海）与最低的省份（黑龙江）相差 15 倍。

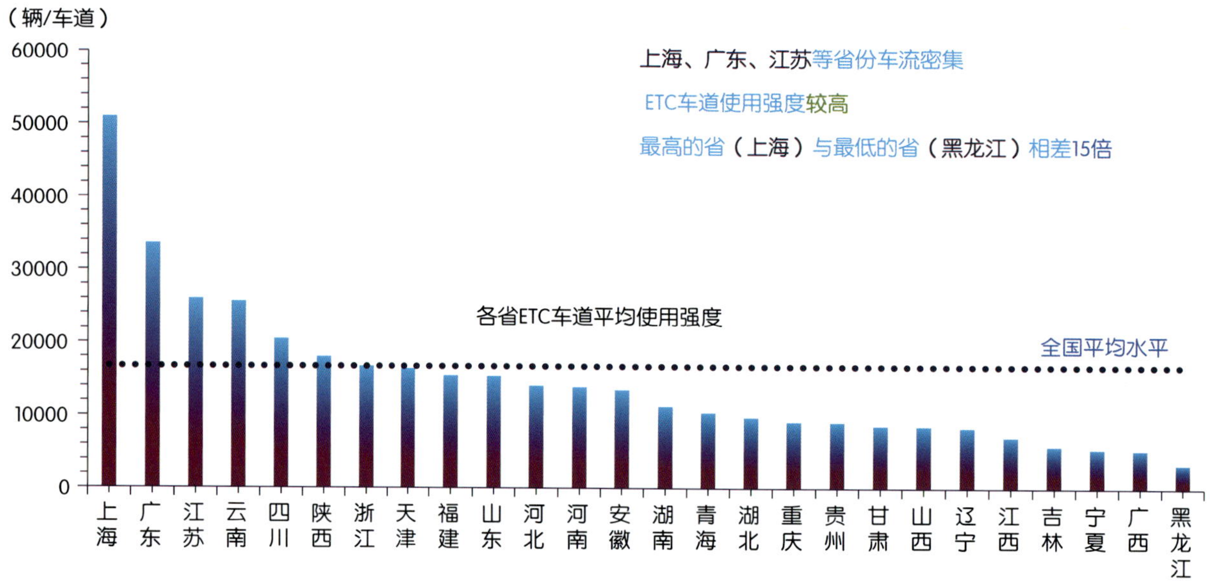

ETC车道和人工车道的使用强度关系

日均车流量	V<2000	2000≤V<5000	5000≤V<10000	10000≤V<20000	V>20000
ETC车道使用强度/人工车道使用强度	0.8	1.3	2	3.1	4

注：V为高速公路收费站日均车流量。

图 5-5　ETC 车道与人工车道使用强度对比

二、治超新政对高速公路运行影响分析

1. 超限新政颁布实施后短期货车流量下降明显，但长期来看，车流量有所增长

2016 年 9 月 21 日治超新政正式实施。2016 年 8 月，交通运输部、工业和信息化部、公安部、工商总局和质检总局联合召开电视电话会议、共同发布了《关于进一步做好货车非法改装和超限超载治理工作的意见》，组织开展了“货车非法改装专项整治行动”、“整治公路货车违法超限超载行为专项行动”和“车辆运输车治理专项行动”，并要求各地各部门加强超限超载运输治理。随后交通运输部

① 车道使用强度：为单车道平均车流量。ETC 车道使用强度 =ETC 车流量/ETC 车道数，人工车道使用强度 = 人工车道车流量 / 人工车道数。

对原《超限运输车辆行驶公路管理规定》进行了全面修订，以部第62号令下发。新规定统一了超限运输车辆的认定标准，优化了大件运输许可流程，加强了对大件运输车辆行驶公路的管理，规范了对违法超限运输行为的处罚等。此次一系列治超政策的出台，因其标准更为严格，惩罚力度更甚之前，引发了行业关注和热议，被业内称为“史上最严治超”行动，对规范运输市场、整顿运输秩序将起到重要作用。

司机和车主对新政的实施进行了短期观望。2016年9月21日为治超新政开始实施日期，实施当日的高速公路车流量较前一日（9月20日）出现了明显的下降，降幅为9.3%。车流量下降后，维持了2天的低谷期，随后又快速回升。

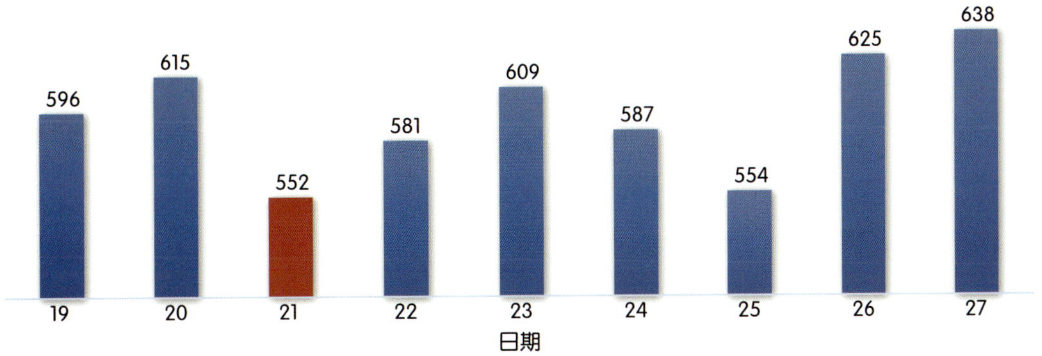

图5-6 9月第4周各日高速公路货车流量（万辆）

从长期趋势看，高速公路货车流量上升明显。从全年各月的车流量情况看，受新政影响，从9月起车流量同比增速开始加快，9—12月同比增速保持在16%以上，远高于同期水平，其中11月同比增速拉高至31.7%。这主要是由于新政实施后以往的“多拉”模式难以为继，单车载运能力下降，但在货物需求不变的情况下，只能通过“多跑”满足运输需求，车辆运次增加，高速公路货车流量有所上升。

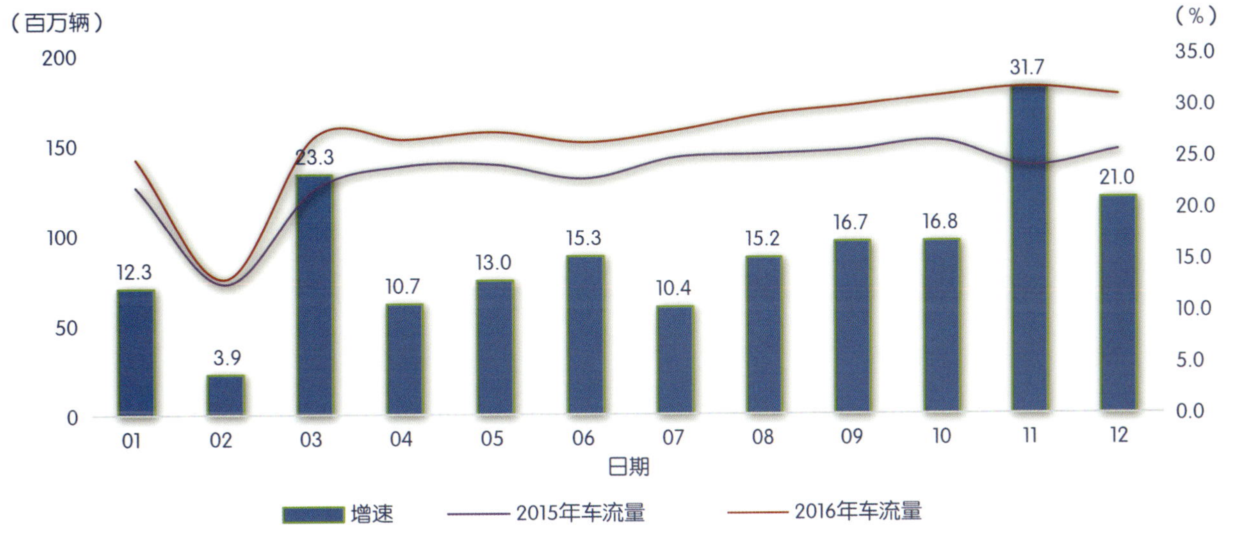

图5-7 2015—2016年货车流量月度增速对比

2. 受超限新政影响，高速公路上大型货车流量变化较为显著

在“9·21”新政实施当日，4 轴车和 6 轴以上车辆的车流量变化最为明显，均在 21 日出现断崖式下降。数据显示，6 轴以上车辆 21 日全路网的车流量较前一日车次数下降 22.5%，4 轴车下降 17.4%。而 5 轴车仅是略有下降，降幅为 5.0%；2 轴车和 3 轴车几乎不受影响，其中 2 轴车 21 日上升 2.0%，3 轴车下降 2.3%。

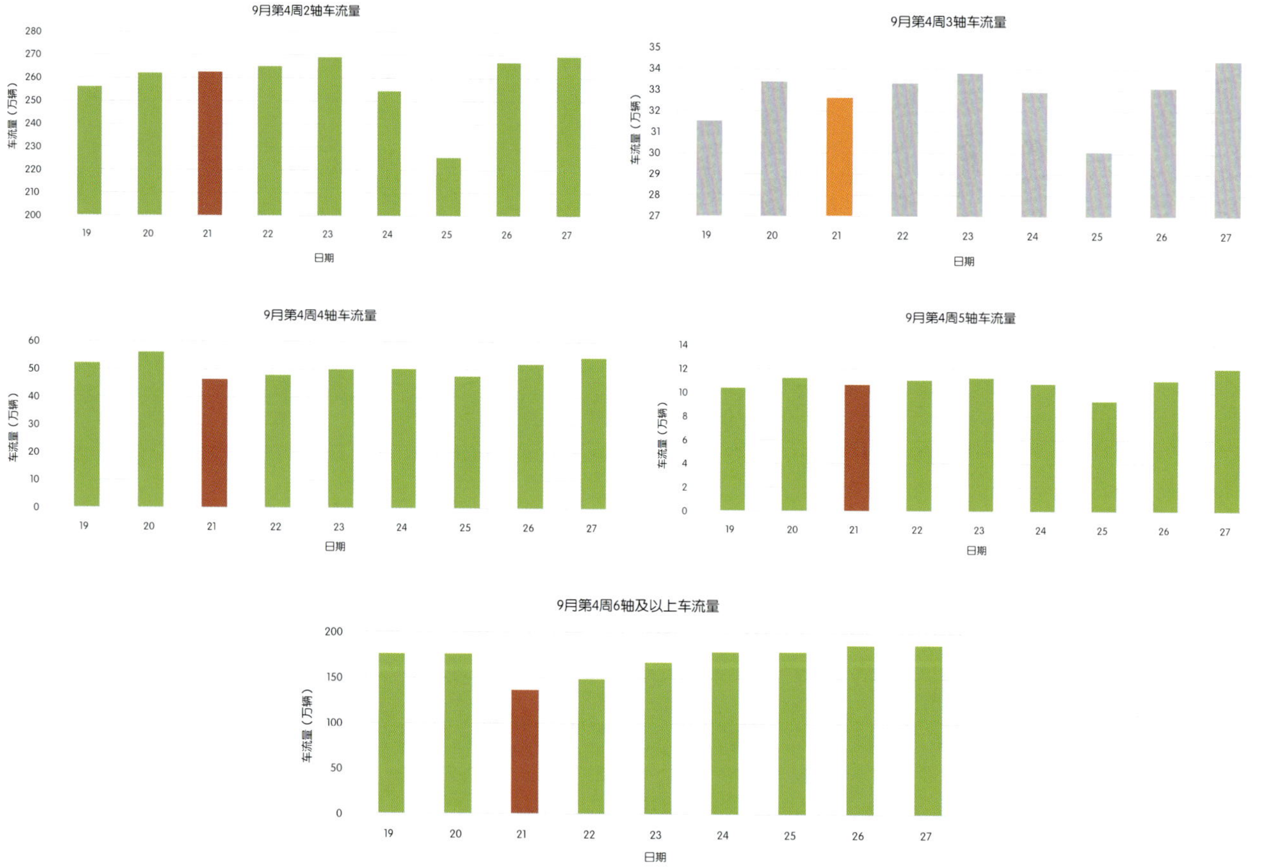

图 5-8　9 月第 4 周分轴型货车流量

专栏　治超标准

此次治超新政最大的变化，主要在于重新认定了货车超限标准，同时也加强了对大件运输车辆行驶公路的管理，规范了对违法超限运输行为的处罚。在超限标准认定上，新标要求，2 轴货车车货总重不得超过 18 吨；3 轴不得超过 27 吨；4 轴不得超过 36 吨；5 轴不得超过 43 吨；6 轴及 6 轴以上汽车不得超过 49 吨。同时，还对车货长、宽、高进行了明确：总高度从地面算起不得超过 4 米，车货总宽度不得超过 2.55 米，车货总长度不得超过 18.1 米。此外，对于超限超载的处罚也更加严格。对于尺寸超限以及重量超限的违法行为，根据违法行为性质、情节和危害程度，明确了处罚自由裁量权。

但从长期情况来看，除 2 轴车的高速公路车流量各月同比变化没有明显差异外，3 轴以上车辆的高速公路货车流量均在 9 月新政出台后出现了十分明显的快速增长过程，其中，6 轴车最为明显，从 9 月开始各月车流量的同比增速在 30% 以上，11 月高达 60.2%。

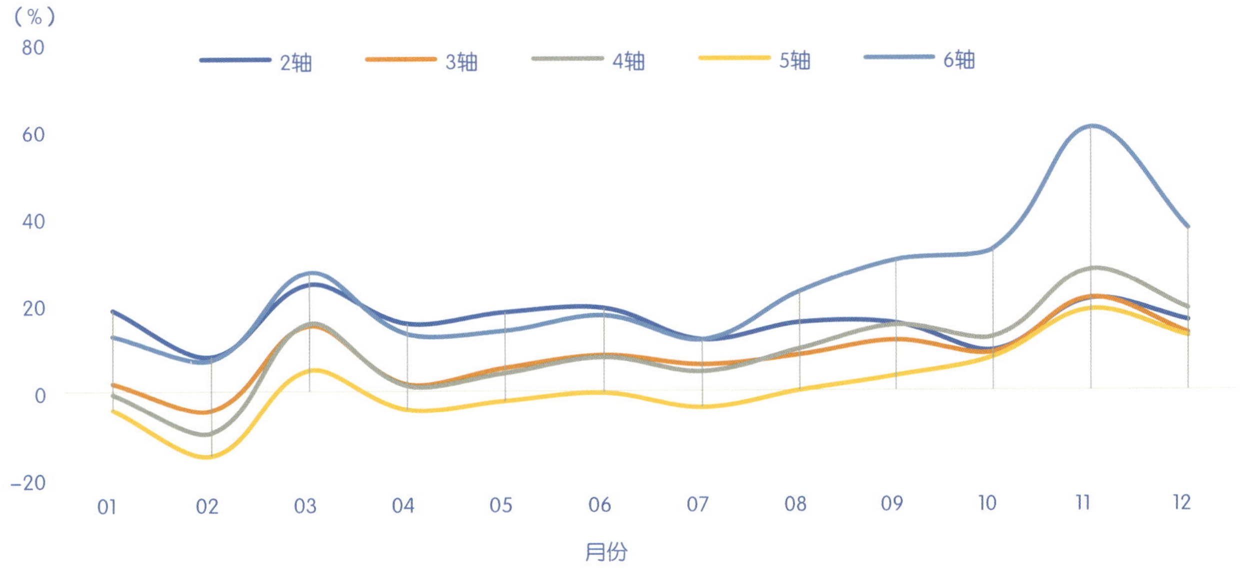

图 5–9　2016 年分轴型货车流量月度增速变化

3. 超限新政实施效果明显，大型货车载重及超限比例迅速下降

从高速公路计重收费记录中的车货总重情况看，各轴型车货总重的变化情况明显不同。对比新政实施前 20 日与后 10 日的平均车货总重变化情况，4 轴、6 轴及以上车辆变化最为显著，分别为 –6.8% 和 –8.2%。2 轴车新政前后日均车货总重变化率仅为 0.2%，基本持平。造成这种现象的原因是，2 轴车车体较轻，自重平均 5 吨，以轻质量货物运输为主，且超限标准按照车货总重 18 吨来计算，不易超载。在实际执法过程中，执法人员重点对 3 轴及以上车辆进行检查。

表 5–2　治超新政实施前后各轴数车辆的平均车货总重

指　标	2 轴	3 轴	4 轴	5 轴	6 轴及以上
1—20 日平均车货总重（吨）	5.8	17.6	26.4	28.6	38.9
21—30 日平均车货总重（吨）	5.8	17.3	24.6	27.3	35.7
降幅（%）	0.2	–1.6	–6.8	–4.3	–8.2

从超限车辆[①] 比例来看，4 轴和 6 轴及以上车辆均为以往超限多发车型，6 轴及以上车辆超限比例高达 37% 左右。新政实施当月，这一比例迅速下降，目前降低至 7% 左右，对超限的制约效果十分明显。4 轴车此次也出现较为明显的下降，从 25% 左右下降至不足 15%。而 3 轴和 5 轴车有所降低，但降幅有限。2 轴车由于原来超限就处于较低水平，因此新政前后没有显著变化。

① 超限限值按照各地高速公路规定限值计算。

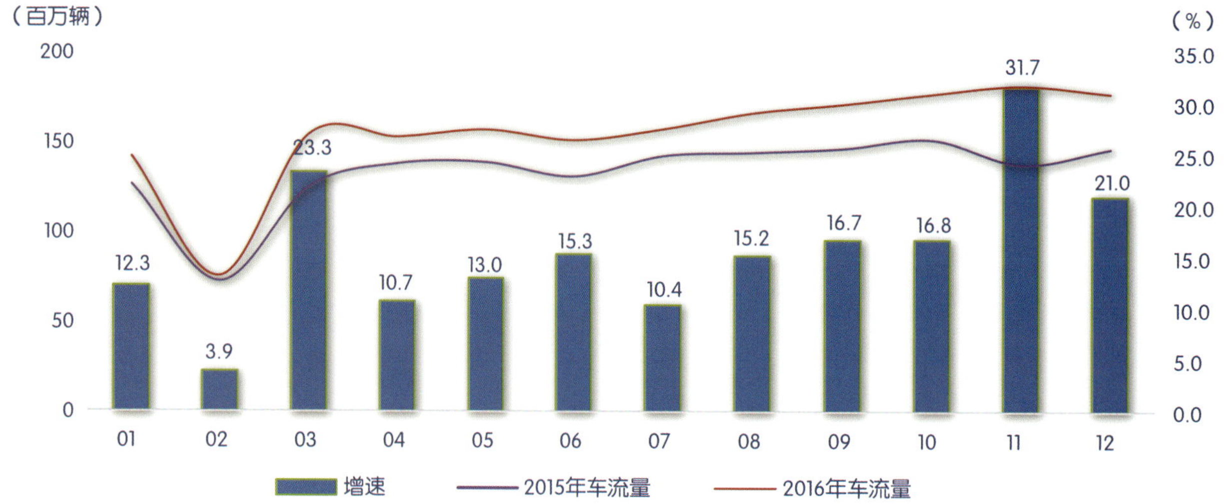

图 5-10　2015—2016 年货车流量月度同比变化

4. 超限新政实施全国大部分地区均受影响，各地区影响程度不一

从各省情况看，新政实施当日，除四川、江苏、广东 3 省高速公路货车流量未受明显影响外，全国大部分省份均出现了明显的车流量下降，降幅均在 5% 以上。其中，高速公路货车流量下降最为明显的是华北片区及中部片区。其中山西、河北、河南、天津四省市的高速公路货车流量下降最为显著，分别下降 25.8%、20.7%、18.0% 和 17.7%。

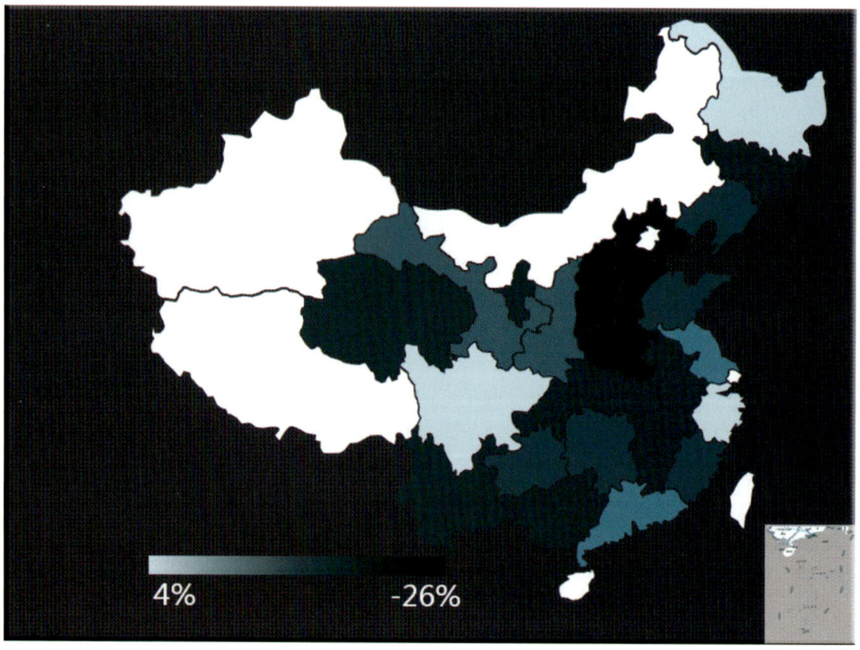

图 5-11　治超新政实施当日各省车流量下降情况

从车流量下降率和 9 月新政前超限车辆分布情况看，两者呈现出较强的相关性，新政影响显著的地区也是超限车辆较为严重的地区，山西、河北、河南、天津等地超限车辆比例均超过 25%。从产业结构上看，这部分地区运输产品以煤炭、矿石、钢材等大宗原材料物资为主，车型结构多为 6 轴及以

上大型车辆，因此受新政影响也最严重。

从各省新政前后日均车货总重变化情况看，所有省份的高速公路均出现下降趋势，下降最为明显的是中部地区，相对而言，西南地区和东部沿海地区降幅较小，其中，山西、吉林、河南、宁夏、江西、湖北和陕西等省份的车货总重变化最为显著，下降率在 10% 以上。

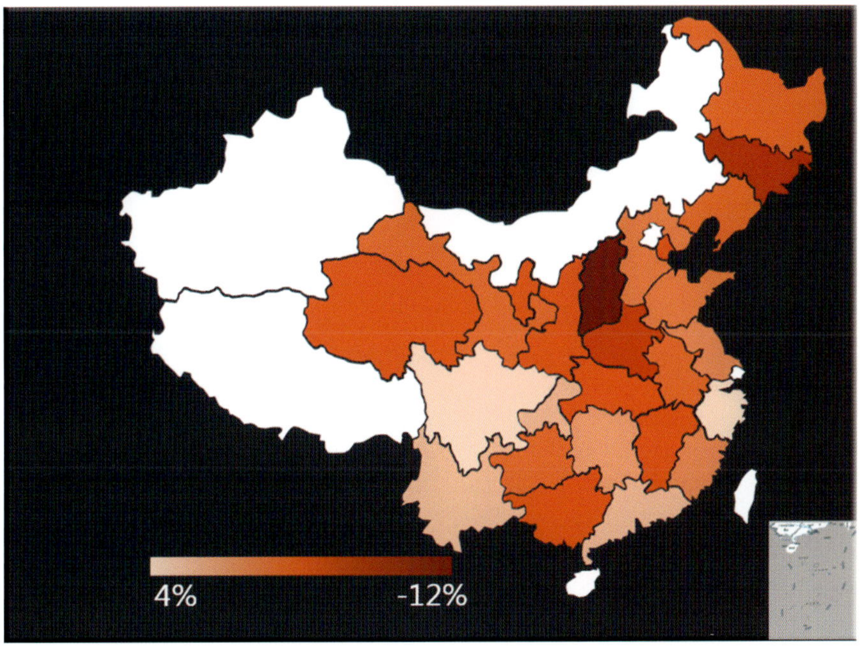

图 5–12　治超新政实施前后各省日均车货总重下降情况

参考文献

[1] 交通运输部，国家发展改革委 . 推进物流大通道建设行动计划（2016—2020 年）[R]. 2016.

[2] 国家统计局 . 中国统计年鉴 2016 [R]. 2016.

[3] 交通运输部 . 2016 年交通运输行业发展统计公报 [R]. 2016.

[4] 交通运输部 . 全国铁路统计年鉴 2015 [R]. 2015.

[5] 范月娇 . 论物流通道及其在区域经济空间结构演进中的地位 [J]. 综合运输，2015（5）.

[6] 孔月红 . 物流通道空间集聚作用研究 [D]. 西安：长安大学硕士学位论文，2008.

[7] 汪鸣 . 国家三大战略与物流业发展机遇 [J]. 中国流通经济，2015（7）.